Wolfgang Schneider

Einführung in die Anwendung des Betriebssystems CP/M

Programmieren von Mikrocomputern

Die Bände dieser Reihe geben den Benutzern von Heimcomputern, Hobby-
computern bzw. Personalcomputern über die Betriebsanleitung hinaus zusätzliche Anwendungshilfen. Der Leser findet wertvolle Informationen und
Hinweise mit Beispielen zur optimalen Ausnutzung seines Gerätes, besonders
auch im Hinblick auf die Entwicklung eigener Programme.

Bisher erschienene Bände

Band 1   **Einführung in BASIC**
von W. Schneider

Band 2   **Lehr- und Übungsbuch für die Rechnerserien cbm 2001 und
cbm 3001**
von G. Oetzmann

Band 3   **BASIC für Fortgeschrittene**
von W. Schneider

Band 4   **Einführung in PASCAL**
von W. Schneider

Band 5   **Lehr- und Übungsbuch für die Rechnerserien cbm 4001 und
cbm 8001**
von G. Oetzmann

Band 6   **BASIC-Programmierbuch zu den grundlegenden Ablaufstrukturen
der Datenverarbeitung**
von E. Kaier

Band 7   **Lehr- und Übungsbuch für Commodore-Volkscomputer**
von G. Oetzmann

Band 8   **Assembler-Programmierung von Mikroprozessoren (8080, 8085,
Z80) mit dem ZX81**
von P. Kahlig

Band 9   **Einführung in die Anwendung des Betriebssystems CP/M**
von W. Schneider

Programmieren von Mikrocomputern   Band 9

Wolfgang Schneider

Einführung in die Anwendung des Betriebssystems CP/M

Mit 76 Beispielen und 48 Übungsaufgaben

Friedr. Vieweg & Sohn   Braunschweig / Wiesbaden

1983

Alle Rechte vorbehalten
© Friedr. Vieweg & Sohn Verlagsgesellschaft mbH, Braunschweig 1983

Satz: Friedr. Vieweg & Sohn, Braunschweig

ISBN-13: 978-3-528-04252-3   e-ISBN-13: 978-3-322-89716-9
DOI: 10.1007/978-3-322-89716-9

Vorwort

Das bevorzugte Betriebssystem für 8-bit Mikrocomputer ist das CP/M-Betriebssystem. Der Band *Einführung in die Anwendung des Betriebssystems CP/M* in der Reihe *Programmieren von Mikrocomputern* richtet sich an Leser, die eine *grundlegende Einführung* in die Anwendung von CP/M-Betriebssystemen wünschen. Vorkenntnisse sind nicht erforderlich.

Aus der Vielzahl der möglichen CP/M-Kommandos wurden im Rahmen dieses einführenden Buches die CP/M-Kommandos ausgewählt und besprochen, die der Anwender im Normalfall benötigt. Auf spezielle Kommandos bzw. auf spezielle Varianten von Kommandos wurde aus Gründen der Übersicht nicht eingegangen.

Auf eine kurze Einführung in die Datenverarbeitung, in der auf die Aufgaben von Betriebssystemen eingegangen wird, folgt eine erste Übersicht über die allgemeine Struktur des speziellen CP/M-Betriebssystems. Darauf folgen in einzelnen Kapiteln die wichtigsten CP/M-Kommandos. Die Reihenfolge wurde nach Möglichkeit so gewählt, wie es dem Arbeitsablauf bei der Anwendung des CP/M-Betriebssystems entspricht.

Eine Vielzahl von Beispielen in den einzelnen Kapiteln verdeutlichen die Anwendung der Kommandos. Das Wichtigste wird durch Merkregeln am Ende eines jeden Kapitels zusammengefaßt. Dies ist hilfreich, wenn der Anwender später schnell einmal nachschlagen möchte, um sich über den Aufbau eines Kommandos zu informieren.

Mit Hilfe von selbst zu lösenden Übungsaufgaben in den einzelnen Kapiteln kann der Leser überprüfen, ob er die einzelnen CP/M-Kommandos richtig beherrscht. Die richtigen Lösungen findet er am Ende des Buches.

Inhaltsverzeichnis

1 Aufbau von Datenverarbeitungsanlagen

1.1 Allgemeine Struktur von Datenverarbeitungsanlagen

Datenverarbeitungsanlagen, kurz *DVA*'s genannt, sollen die Arbeit des Menschen in fast allen Bereichen des täglichen Lebens erleichtern. Dazu muß eine DVA wesentliche Teile der Aufgaben übernehmen können, die früher vom Menschen ausgeführt wurden. An dem Beispiel einer Fernmelderechnungsstelle soll gezeigt werden, welche Aufgaben eine DVA übernehmen kann und welche dem Menschen noch verbleiben. Dabei wird dem Bearbeiter ein „Intelligenzgrad" zugeordnet, den man auch von einer DVA erwarten kann: Er kann nur lesen, schreiben und mit Hilfe eines Taschenrechners rechnen.

Zur Bewältigung seiner Aufgabe benötigt der Bearbeiter neben den oben genannten Fähigkeiten noch

- eine bzw. mehrere Listen mit allen notwendigen *Daten*.

  Die Liste enthält in diesem Beispiel u. a.:
  - die Namen der Kunden nebst einer Kundennummer (KNR)
  - den zum Kunden gehörenden alten Zählerstand (AZ)
  - den zugehörigen neuen Zählerstand (NZ)
  - die Grundgebühren (GG) und
  - die Gebühren je Zählereinheit (GZE).

Aus diesen Angaben soll der Bearbeiter die Geführen (GEB) der Kunden ermitteln und das Ergebnis in der Gebührenspalte der Liste niederschreiben.

Da der Bearbeiter jedoch nur lesen, schreiben und einen Taschenrechner bedienen kann, ist er dazu nicht ohne weiteres in der Lage. Er benötigt noch eine

- Arbeitsanweisung

  Diese Arbeitsanweisung könnte z. B. wie folgt aussehen:
  1. *Nehme* den Kunden mit der KNR 1.
  2. *Gib* dessen NZ in den Taschenrechner ein.
  3. *Subtrahiere* von dem vorher eingegebenen Wert den AZ.
  4. *Multipliziere* das Ergebnis mit den GZE.
  5. *Addiere* zu dem Ergebnis die GG.
  6. *Lies* das Ergebnis.
  7. *Schreibe* das Ergebnis in die Gebührenspalte der Liste des zugehörigen Kunden.
  8. *Gehe* zur nächsten KNR über.
  9. *Beginne* die Arbeitsanweisung bei Punkt 2.

Wie aus dieser Arbeitsanweisung ersichtlich wird, besteht sie aus einer *Folge von Befehlen* (Gib, Subtrahiere, Multipliziere, ... , usw.). Eine solche Arbeitsanweisung, die aus einer Folge von Befehlen (Anweisungen) besteht, nennt man ein *Programm*.

Ein **Programm** ist eine in einer beliebigen Sprache abgefaßte, vollständige Anweisung zur Lösung einer Aufgabe mittels einer DVA.

Unter dem Begriff **Daten** versteht man u. a. die Zahlenwerte, mit denen die jeweilige Aufgabe zu lösen ist.

Programme und Daten stellen *Informationen* für die DVA dar, die von ihr verarbeitet werden. Daraus resultieren Begriffe wie:

Informationsverarbeitung, Informationstechnik, Informatik usw.

Die Arbeitsweise einer DVA ähnelt der Arbeitsweise des Bearbeiters.

- Eine DVA wird ebenso mit *Programmen* und *Daten* versorgt, wie der Bearbeiter im Fernmeldeamt. Diesen Vorgang nennt man bei der DVA einfach *Eingabe*. Sie erfolgt über *Eingabeeinheiten* wie Schreibmaschinentastatur, Lochkartenleser, Lochstreifenleser, Klarschriftleser und dgl.

- Programme und Daten müssen in einer DVA beliebig lange zur Verfügung stehen. Dazu müssen sie in der DVA in einem *Speicher* (vielfach auch Arbeits- bzw. Zentralspeicher genannt) gespeichert werden. Während bei dem Bearbeiter im Fernmeldeamt zur Speicherung der Daten ein Blatt Papier und zur kurzfristigen Speicherung das Gedächtnis genügte, müssen in einer elektronischen DVA elektronische Speicher verwendet werden. Dies sind heutzutage i. a. Halbleiterspeicher. Derartige moderne Schreib-Lesespeicher haben heute bereits eine Kapazität von 262 144 Speicherplätzen (256 Kbit[1]) RAM[2])). Hierzu ist eine Fläche von ca. 25 mm^2 erforderlich. Auf dieser Fläche sind ca. 10^6 Bauelemente untergebracht. Der Leistungsbedarf eines solchen Speicherbausteins liegt bei ca. 3W. Eine DVA kann selbstverständlich mehrere dieser Bausteine gleichzeitig enthalten. Die Speicherkapazität einer DVA wird i. a. in KByte[1]) angegeben. Sie dient als Kennzahl für die Größe der DVA. Kleine Mikrocomputer haben i. a. 16 K bis 64 KByte Speicherkapazität, größere DVA's mehrere Hundert KByte.

  Jede Speicherzelle (i. a. 1 Byte) besitzt eine sog. Adresse. Mit Hilfe dieser Adresse kann die gespeicherte Information im Speicher wieder aufgefunden werden.

- Eine DVA benötigt, ähnlich wie der Bearbeiter im Fernmeldeamt, eine Einrichtung, die Berechnungen ausführt. Diese Einrichtung wird in einer DVA *Rechenwerk* genannt.

- Eine DVA muß das Programm ausführen können, indem es einen Befehl nach dem anderen abarbeitet. Dazu muß sie geeignete Einrichtungen besitzen, die die notwendigen, einfachen Handgriffe des Bearbeiters, z. B. die Tastenbedienung des Tischrechners, ersetzen können. Für diese Aufgabe ist in einer DVA ein *Steuerwerk* (Leitwerk) vorgesehen.

- Eine DVA muß die Ergebnisse der Verarbeitung auf Wunsch ausgeben können. Diesen Vorgang nennt man bei einer DVA einfach *Ausgabe*. Sie erfolgt über *Ausgabeeinheiten* wie Bildschirm, Drucker, Plotter[3]) und dgl.

---

[1]) Ein *bit* ist eine Abkürzung für <u>b</u>inary di<u>g</u>it, zu deutsch: Binärzeichen, d. h. es ist ein Zeichen aus einer Menge von zwei möglichen Zeichen. Beispiele sind u. a.: Punkt oder Strich im Morsealphabet, zwei festgelegte Spannungspegel H (<u>H</u>igh = hoch) oder L (<u>L</u>ow = tief), die Ziffern Ø oder 1. Einzelne bits werden vielfach zu größeren Einheiten zusammengefaßt, wie z. B.:

2^4 bit = 8 bit = 1 Byte
2^{10} bit = 1024 bit = 1 Kbit (1 <u>Kilob</u>it)
2^{10} Byte = 1024 Byte = 1 KByte (1 <u>KiloBy</u>te)

[2]) *RAM* ist eine Abkürzung für den englischen Begriff <u>R</u>andom <u>A</u>ccess <u>M</u>emory. Im Deutschen spricht man von *Schreib-Lesespeichern* mit wahlfreiem Zugriff.

[3]) Ein Plotter ist ein Ausgabegerät zum Zeichnen von Grafiken mit hohem Auflösungsvermögen.

- Der Arbeitsspeicher (RAM) ist schnell, aber teuer. Daher ist die Kapazität des Arbeitsspeichers aus Kostengründen begrenzt. Es ist somit nicht sinnvoll, Programme und Daten in großen Mengen langfristig im Arbeitsspeicher zu speichern, sondern den „wertvollen" Speicher nur während der Verarbeitung von Programmen zu benutzen (daher: Arbeitsspeicher). Für große zu speichernde Informationsmengen muß ein billigeres, aber im allgemeinen auch langsameres Speichermedium gewählt werden, wie z. B. Magnetbänder, Magnetplatten, Magnetkassetten, Magnetdisketten.

Man faßt diese Speicher mit Hilfe des Sammelbegriffes *externe Speicher* zusammen. Wichtig für ihren Einsatz ist die *Zugriffszeit*. Dies ist die mittlere Zeit, die benötigt wird, um auf die Daten zuzugreifen, d. h. Daten vom Speichermedium in das Rechenwerk zu bringen.

Daraus ergibt sich folgende Struktur einer Datenverarbeitungsanlage (Bild 1.1).

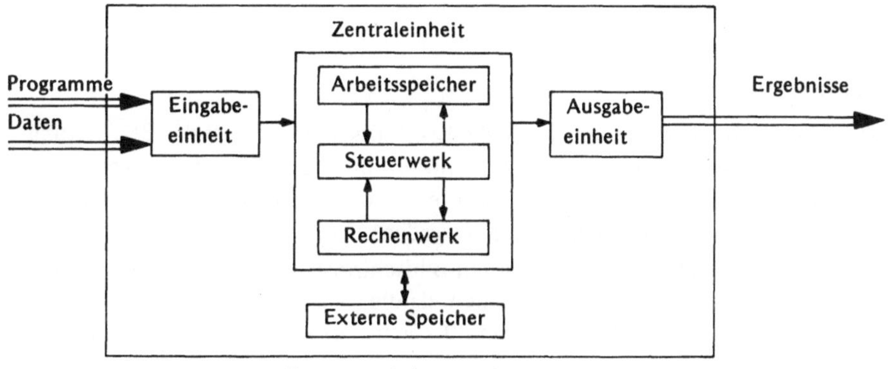

Bild 1.1 Struktur einer Datenverarbeitungsanlage

Der Arbeitsspeicher sowie das Rechen- und Steuerwerk werden meist mit Hilfe des Begriffes *Zentraleinheit* zusammengefaßt. Unter einem *Zentralprozessor* (engl. Central Processing Unit=CPU) versteht man hingegen nur die Zusammenfassung von Steuer- und Rechenwerk.

1.2 Mikrocomputer

Mikrocomputer arbeiten funktionell genauso wie ihre großen „Verwandten", die Computer, die in Rechenzentren stehen. Der Unterschied besteht nur darin, daß der Mikrocomputer wesentlich kleiner und billiger ist, so daß sich fast jeder, der daran interessiert ist, einen persönlichen Rechner am Arbeitsplatz oder zu Hause leisten kann. Aus diesem Grund werden diese Art Computer in den USA auch Personal Computer (persönliche Computer) genannt. In Deutschland scheint sich hingegen der Begriff Mikrocomputer durchzusetzen.

Die üblichen Ausstattungsbestandteile von Mikrocomputern, insbesondere in Hinblick auf die spätere Anwendung von CP/M, geben folgende Abschnitte an.

1.2.1 ASCII-Tastatur

Alle Mikrocomputer besitzen, im Gegensatz z. B. zu programmierbaren Taschenrechnern, eine ASCII-Tastatur. ASCII ist eine Abkürzung und steht für „American Standard Code of Information Interchange", was soviel bedeutet wie „Amerikanischer Normcode für Nachrichtenaustausch". Dieser Code verschlüsselt, vereinfacht gesagt, die alphanumerischen Zeichen, d. h. die Ziffern, Buchstaben und Sonderzeichen, die auf den gebräuchlichen Schreibmaschinen zu finden sind, in einen dem Computer verständlichen Code[1]). Die Anordnung der *Buchstabentasten* entspricht weitgehend der Anordnung der Tasten bei handelsüblichen Schreibmaschinen. Allerdings fehlen vielfach Zeichen wie ä, ö und ü, die somit durch 2 Zeichen wie ae, oe und ue dargestellt werden müssen. Außerdem ist meist die Lage von Z und Y ausgetauscht. Die Ziffern sind vielfach in einem besonderen numerischen Tastenfeld zusammen mit den Rechenoperatoren zusammengefaßt, wie dies von Taschenrechnern bekannt ist. Die Zahl und Lage der *Tasten der Sonderzeichen* ist sehr unterschiedlich, so daß hier keine allgemeinen Hinweise gegeben werden können. Außerdem enthält das Tastenfeld der Mikrocomputer im allgemeinen *noch Spezialtasten*, die beim Programmieren und beim Programmablauf häufig benötigt werden.

1.2.2 Bildschirmsichtgerät

Die Programme, die geschrieben werden, sowie die Ergebnisse, die sich bei der Bearbeitung der Programme ergeben, werden bei den Mikrocomputern im allgemeinen auf einem Bildschirm ausgegeben. Teilweise muß der Mikrocomputer dazu über einen speziellen Anschluß an einen handelsüblichen Fernseher angeschlossen werden.

Die Verwendung eines Fernsehers als Ersatz für ein Bildschirmsichtgerät ist bei der Anwendung eines CP/M-Betriebssystems i.a. nicht möglich, da die Zahl der Zeichen pro Zeile zu gering ist. Mit einem Bildschirmsichtgerät sollten 80 Zeichen pro Zeile und 24 Zeilen dargestellt werden können.

1.2.3 Floppy Disk Laufwerk (Diskettenlaufwerk)

Bei großen Datenmengen ist ein Kassettenrecorder als externer Speicher vielfach zu langsam, weil immer erst die entsprechende Stelle auf dem Band gesucht werden muß. Im Extremfall muß solange gewartet werden, bis das Band vom Anfang bis zum Ende durchgelaufen ist. Dies kann mehrere Minuten dauern. Die Floppy Disk ist ein Speicher, bei dem Daten in Bruchteilen von Sekunden aufgefunden werden können.

Da eine Floppy Disk bei der Verwendung von CP/M unentbehrlich ist (vgl. Kap. 4.1), soll hier etwas näher darauf eingegangen werden.

Eine Floppy Disk, vielfach auch *Diskette* genannt, kann man sich wie eine Art Schallplatte vorstellen, jedoch ohne Rillen. Stattdessen befindet sich auf der Oberfläche eine magnetisierbare Schicht, ähnlich wie bei einem Tonband. Die Daten werden in konzentrischen Kreisen, sog. *Spuren,* auf der magnetisierbaren Scheibe (engl. *disk*) gespeichert

---

[1]) ASCII ist ein alphanumerischer 7-Bit-Code. Ein Bit ist die kleinste Darstellungseinheit für zweiwertige (binäre) Daten, d. h. es kann nur 2 Werte, z. B. „binär Ø" oder „binär 1", annehmen. Die Zahl der Bits gibt die Zahl der Binärstellen an, in die die alphanumerischen Zeichen verschlüsselt sind. Ein 8-tes Bit, das sog. Paritätsbit, wird vielfach an diesen 7-Bit-Code angehängt, um überprüfen zu können, ob die Datenverarbeitung fehlerfrei verläuft.

bzw. von der Scheibe gelesen (s. Bild 1.2).
Dazu dient ein sog. *Schreib-Lese-Kopf*, der
quer zur Scheibe verschoben werden kann
(s. Bild 1.2). Dieser Schreib-Lese-Kopf wird
z.B. beim Lesen der Daten über der Spur mit
den gewünschten Daten positioniert. Anschließend muß nur noch abgewartet werden, bis die gewünschten Daten infolge der
Drehung der Scheibe unter dem Schreib-
Lese-Kopf erscheinen.

Wie beim Tonband ist es auch bei einer
Floppy Disk notwendig, den Schreib-Lese-
Kopf auf die Oberfläche der Diskette zu
pressen. Damit der Verschleiß der dünnen
Magnetschicht nicht zu groß wird, wählt man
einerseits kein starres Material für die Scheibe,
sondern einen „flexiblen" Kunststoff (daher
der englische Name „floppy"-disk), der jedoch keinesfalls „weich" ist. Andererseits
wird der Schreib-Lese-Kopf nur angedrückt,
wenn die Diskette mit Daten beschrieben
werden soll bzw. wenn Daten gelesen werden
sollen.

Um die Daten auf der Diskette zu ordnen,
wird die Diskette in sog. *Sektoren* aufgeteilt
(s. Bild 1.2). Dies geschieht i.a. durch eine
Codierung.

Eine feste Hülle schützt die Diskette ständig
vor Staub, vor mechanischen Beschädigungen
usw.

Von außen ist nur noch ein **Loch für den An-
trieb** der Scheibe, ein **Langloch** quer zu den
Spuren zum Zugriff auf die auf der Scheibe
gespeicherten Daten und ein sog. **Indexloch**,
das den physikalischen Anfang für alle Spuren auf die Diskette angibt, zugänglich (s.
Bild 1.3).

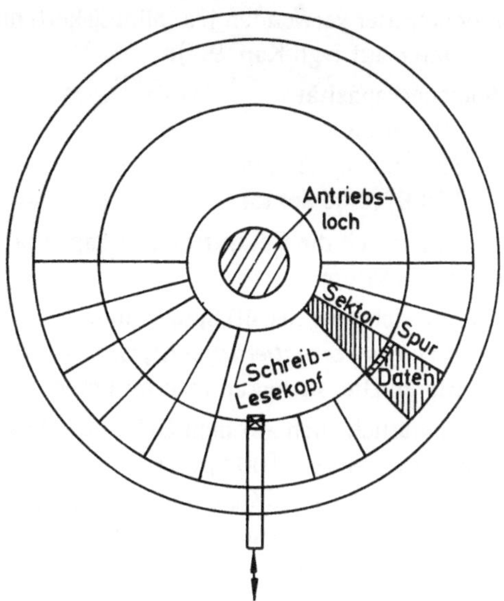

Bild 1.2 Prinzipieller Aufbau einer Floppy-
Disk (Diskette)

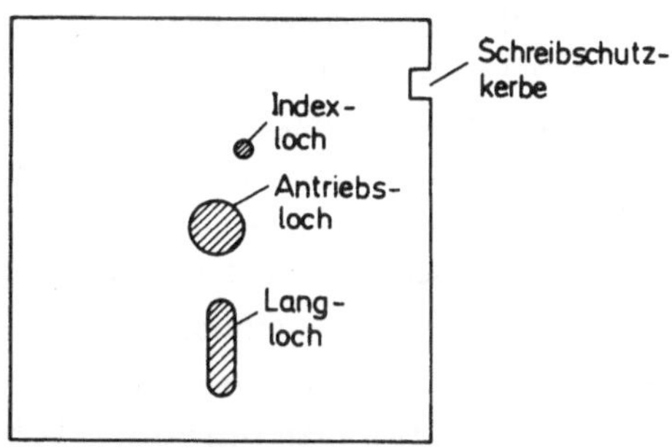

Bild 1.3 Prinzipielles Aussehen einer Floppy-
Disk in seiner Hülle

Die Abmessungen der Disketten sind unterschiedlich. Es gibt eine sog.

- Normaldiskette mit 8" Durchmesser[1]) und eine sog.
- Minidiskette mit 5" Durchmesser[1]).

---

[1]) Zoll ist ein Längenmaß (engl. inch). Als Kennzeichen für das Zollmaß wird i. a. das Zeichen " verwendet. 1 Zoll entspricht 2,54 cm.

Mikrocomputer verwenden i. a. Minidiskettenlaufwerke. Sie weisen z. B. folgende technischen Daten auf (vgl. Kap. 9.7):

● Speicherkapazität
  — 40 Spuren
  — 32 Sektoren je Spur
  — 128 Bytes je Sektor

Somit ergibt sich die Gesamtspeicherkapazität einer Minidiskette zu 40*32*128 = 163840 Bytes = 160 kByte.

Die Kennzeichnung der 40 Spuren und 32 Sektoren je Spur wird bei fabrikneuen Disketten mit Hilfe eines *Formatierungsprogrammes* erreicht, das der Hersteller i. a. auf einer Diskette mit weiteren Dienstprogrammen mitliefert.

Es gibt natürlich auch auf dem Gebiet der Disketten technische Fortentwicklungen, so z. B. Minidisketten mit ca. 100 Spuren, die Ausnutzung beider Seiten einer Diskette zur Datenspeicherung usw., so daß die oben angegebenen Daten nur einen technischen Entwicklungsstand beschreiben. Zielrichtung der Entwicklung ist die Vergrößerung der Speicherkapazität.

● Zugriffszeit
  Die Zugriffszeit zu Daten auf einer Diskette hängt ab von
  — der Geschwindigkeit, mit der der Schreib-Lese-Kopf sich auf die gewünschte Spur positionieren läßt und
  — der Umdrehungsgeschwindigkeit der Diskette.
  Bei Minidisketten beträgt die Zugriffszeit ca. 450 Millisekunden bei einer Umdrehungsgeschwindigkeit von 300 Umdrehungen pro Minute.
● Die rechteckige *Schreibschutzkerbe* am Rand der Hülle wird im Diskettenlaufwerk abgetastet (s. Bild 1.3).
  Ist die Schreibschutzkerbe offen, ist nur ein Lesen der Minidiskette möglich. Dies schützt vor unbeabsichtigtem Überschreiben des Disketteninhaltes.
  Soll jedoch ein Schreiben und Lesen auf bzw. von der Diskette möglich sein, so muß die Schreibschutzkerbe durch einen nicht durchsichtigen Überkleber versehen werden.

Disketten sind relativ empfindlich. Daher sollte man Folgendes beherzigen:

● Disketten sollten nicht in die Nähe von magnetischen und elektrischen Feldern gebracht werden. Daher sollten Disketten z. B. beim Ein- und Ausschalten des Mikrocomputers stets aus den Diskettenlaufwerken entnommen werden.
● Disketten dürfen nicht geknickt oder verbogen werden.
● Disketten vertragen nur Temperaturen bis zu 50 °C.
● Disketten sollten nicht mit hartem Bleistift oder Kugelschreiber beschriftet werden, sondern nur mit weichem Filzstift.
● Eine Diskette wird so in das Laufwerk gelegt, daß das Beschriftungsetikett nach oben und die Schreibschutzkerbe nach links zeigt.
● Die Diskette darf einem Laufwerk nur entnommen werden, wenn die rote Kontrollampe erloschen ist.

2 Programmiersprachen

2.1 Allgemeines

Wie Bild 1.1 zeigt, stellen Datenverarbeitungs*anlagen* zwar die technischen Funktionseinheiten zur Verfügung, aber erst die Verbindung von DVA und Programm ergibt ein funk-
tionsfähiges Datenverarbeitungs*system*, in dem die technischen Funktionseinheiten der
DVA in gewollter, sinnvoller Weise selbsttätig die gestellte Aufgabe lösen und die eingegebenen Daten wunschgemäß verarbeiten.

Die geistige Leistung, die dem Menschen verbleibt, liegt in der für die DVA verständliche
Beschreibung der Arbeitsanweisung, der sog. Anwender-Programmierung der DVA. Diese
Aufgabe kann an keine Maschine abgegeben werden.

Bei programmgesteuerten Datenverarbeitungssystemen wird somit bewußt eine Trennung
zwischen Arbeitsanweisung (Anwenderprogramm oder sog. Anwender-Software) und aus-
führender technischer Anlage (DVA oder sog. Hardware) vorgenommen. Dadurch ist ein
und dieselbe Anlage fähig, nicht nur eine einzige, sondern eine Vielzahl von verschiedenen
Aufgaben auszuführen. Wenn eine DVA eine andere Aufgabe bearbeiten soll, braucht nur
das Anwenderprogramm geändert bzw. ausgetauscht werden.

> **Unter Hardware versteht man alle technischen Funktionseinheiten einer DVA.**
>
> **Unter Software versteht man eine Arbeitsanweisung (Programm), die die Hardware
> zu einer gewünschten Tätigkeit veranlaßt.**

Die Arbeitsanweisungen (Programme) müssen natürlich so formuliert werden, daß sie von
der DVA verstanden werden. Die dazu geeigneten Sprachen nennt man Programmiersprachen.

Zum Aufstellen der Anwenderprogramme lassen sich prinzipiell folgende Programmier-
sprachen verwenden:
- Maschinensprachen
- Assemblersprachen
- Problemorientierte Programmiersprachen

2.2 Maschinensprachen

In den Anfängen der Datenverarbeitung wurde die Arbeitsanweisung für eine DVA in der
sog. Maschinensprache (Maschinencode) programmiert. Dabei handelt es sich in der Regel
um eine Codierung der Befehle in Binärziffern, die von den digital arbeitenden Datenverarbeitungsanlagen ohne weitere Übersetzung verstanden werden und ohne menschliche
Hilfe in Steuersignale umgesetzt werden können.

Bei Datenverarbeitungsanlagen verschiedener Hersteller ist der verwendete binäre Code der Maschinensprache für die einzelnen Befehle anders. Auch die Befehle, die eine Datenverarbeitungsanlage versteht, sind unterschiedlich.

Maschinensprachen werden heute nur noch selten benutzt. Dies liegt vor allem daran, daß, wie das obige Beispiel zeigt, die Darstellung der Befehle durch Binärziffern

- relativ zeitaufwendig
- recht unübersichtlich und damit fehleranfällig und
- schwer merkbar und somit schwer erlernbar

ist.

Mit wachsenden Aufgaben in der Datenverarbeitung wurde deutlich, daß nach einer einfacheren, schnelleren und wirtschaftlicheren Programmierung gesucht werden mußte.

2.3 Assemblersprachen

Mit der Entwicklung von Assemblersprachen wurde ein erster Schritt zur Vereinfachung der Programmierung getan. Die Assemblersprache ist eine *symbolische* Programmiersprache, bei der der Befehlsschlüssel nicht mehr aus einer Folge von Binärzeichen besteht, sondern aus einem leicht erlernbaren symbolischen Code. Speicherplatzadressen können ebenfalls durch einen symbolischen Namen gekennzeichnet werden. Diese Befehle lassen sich einfacher merken als die Befehle im Maschinencode.

Die Datenverarbeitungsanlage „versteht" jedoch nur den Maschinencode. Es muß also eine Einrichtung gefunden werden, die die Assemblersprache in die Maschinensprache überführt. Diesen Vorgang nennt man auch, da es sich um Sprachen handelt, *Übersetzung.* Sie läuft nach festen Regeln ab und kann deshalb mit Hilfe eines geeigneten Programmes von der DVA selbst vorgenommen werden. Das Übersetzungsprogramm, das die Assemblersprache in die Maschinensprache übersetzt, heißt *Assembler.* Diesen Übersetzungsvorgang stellt Bild 2.1 grafisch dar.

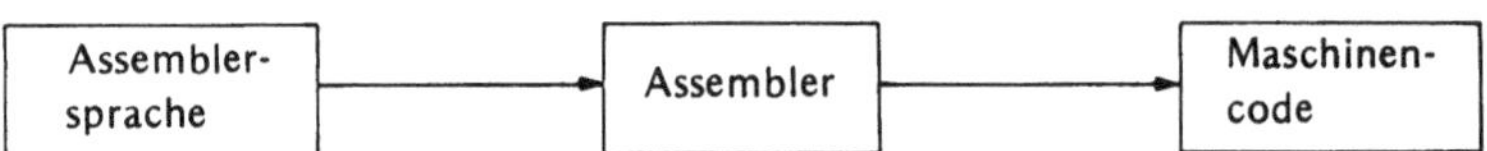

Bild 2.1 Übersetzung eines in Assemblersprache geschriebenen Programms in die Maschinensprache.

Die Assemblersprache ist eine maschinenorientierte Programmiersprache, weil *jeder* Befehl der Maschinensprache durch einen symbolischen Ausdruck ersetzt wird. Dies hat Vor- und Nachteile.

Als Vorteil gegenüber der Maschinensprache wäre zu nennen:

Der Programmieraufwand ist weniger zeitaufwendig, da sich die Befehle leichter merken lassen. Außerdem wird das Programm übersichtlicher und somit weniger fehleranfällig.

Folgende Nachteile wären jedoch immer noch anzuführen.

Da die Assemblersprache maschinenorientiert ist, hängt sie vom Typ der DVA ab, so daß zur Programmierung eines bestimmten Problems für verschiedene DVA-Typen unterschiedliche Programme geschrieben werden müssen.

2.4 Problemorientierte Programmiersprachen

Den genannten Nachteil der Assemblersprachen vermeiden die problemorientierten Programmiersprachen. Ihre Entwicklung orientiert sich unabhängig von der jeweiligen Maschinensprache nur am Problem. Dadurch werden sie anlageunabhängig. Als Beispiel mögen die mathematisch-naturwissenschaftlich orientierten Programmiersprachen dienen. Sie beschreiben unabhängig von der Maschinensprache eine mathematische Aufgabe, wie aus der Mathematik gewohnt, mit Hilfe einer mathematischen Formel.

Die problemorientierten Sprachen zeichnen sich aus durch:

* bessere Überschaubarkeit der Programme durch Anweisungen in der Fachsprache
* geringen Zeitbedarf für die Programmierung
* leichte Erlernbarkeit
* Unabhängigkeit vom Typ der Datenverarbeitungsanlage

Weit verbreitete problemorientierte Programmiersprachen sind z. B.:

Name	Bedeutung	Anwendungsbereich
ALGOL	Algorithmic Language	mathem.-naturwissenschaftlich
FORTRAN	Formula Translation	mathem.-naturwissenschaftlich
COBOL	Common Bussiness Oriented Language	kommerziell
PL 1	Programming Language Nr. 1	kommerziell/mathem.-naturwissenschaftlich
BASIC	Beginners All-purpose Symbolic Instruction Code	Programmierung im Dialog mit der DVA
APL	A Programming Language	Programmierung im Dialog mit der DVA
PASCAL	benannt nach dem Mathematiker Pascal	Strukturierte Programmierung allg. Probleme

Eine z. B. als mathematische Formel dargestellte Anweisung kann eine Datenverarbeitungsanlage nicht direkt „verstehen". Sie „versteht" nur die Maschinensprache. Daher ist eine Übersetzung von der mathematischen Formelsprache in die Maschinensprache nötig. Da die Übersetzung nach festen Regeln ablaufen muß, kann die Datenverarbeitungsanlage auch hier die Übersetzung selbst durch Verwendung eines geeigneten Programms vornehmen. Prinzipiell können zwei Arten von Übersetzungsprogrammen unterschieden werden.

* Compiler und
* Interpreter

Auf die Unterschiede dieser beiden Übersetzertypen soll hier nicht näher eingegangen werden.

Der Übersetzungsvorgang läßt sich grafisch wie folgt darstellen (s. Bild 2.2):

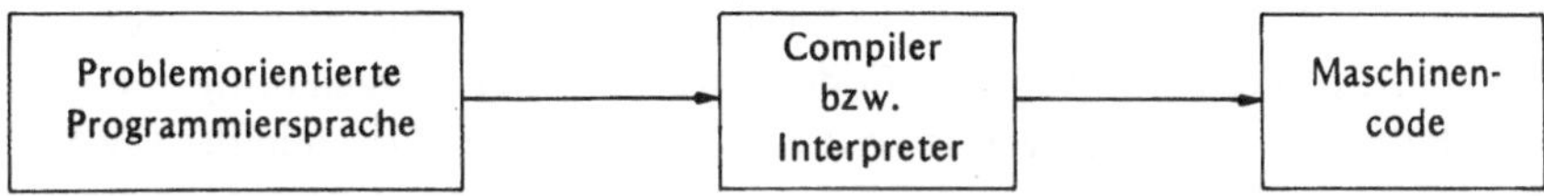

Bild 2.2 Übersetzung eines in einer problemorientierten Programmiersprache geschriebenen Programmes in den Maschinencode.

3 Betriebssysteme

3.1 Einbenutzersysteme

Nach den bisherigen Ausführungen stehen dem Benutzer (Anwender) einer DVA die *Hardware* und gewisse *Anwenderprogramme* zur Verfügung. Falls diese Anwenderprogramme in einer problemorientierten Programmiersprache vorliegen, können *Übersetzerprogramme* eingesetzt werden, um das sog. *Quellprogramm* in der problemorientierten Programmiersprachen in ein *Objektprogramm* (Maschinensprache) zu übersetzen.

Dies genügt jedoch noch immer nicht, um ein Problem von einer DVA bearbeiten zu lassen. Es fehlt noch etwas Wesentliches:

Man hat der DVA noch nicht erklärt, wie sie erkennen kann, daß der Anwender den Wunsch hat, Programme und Daten einzulesen, von welchem Eingabegerät Programme bzw. Daten eingegeben werden sollen, an welcher Stelle (Adresse) sie im Arbeitsspeicher gespeichert werden sollen u. dgl. . Da sich für diese Zwecke feste Arbeitsanweisungen (Algorithmen) angeben lassen, können diese ebenfalls in Form eines Programmes angegeben werden.

> **Das Hilfsprogramm, das den Betrieb zwischen der Hardware der DVA, dem Anwenderprogramm und dem Benutzer organisiert, nennt man Betriebssystem (Organisationsprogramm, engl. Operating System, kurz OS).**

Wenig komplexe Betriebssysteme nennt man vielfach auch *Monitor*. Der Monitor ermöglicht zumindest die wichtigsten Grundfunktionen, d. h. Programme und Daten einlesen (laden) und speichern.

Elementare Aufgaben für Betriebssysteme einer jeden DVA sind z. B.:

- Ablaufsteuerung

  Die Programmbearbeitung muß vom Anwender gezielt eingeleitet werden können. Nach Beendigung des Programmes muß der Anfangszustand wieder eingenommen werden. Dies muß für den Anwender zu erkennen sein.

  Ein laufendes Programm muß vom Anwender auch vor Beendigung des Programmes abgebrochen werden können. Dazu muß das Betriebssystem die Tastatur in gewissen Abständen nach einem Abbruchbefehl abfragen.

- Ein- und Ausgabesteuerung

  Ein- und Ausgabegeräte bieten die Daten oft in verschiedener Form an (z. B. Daten von der Tastatur i.a. im ASCII-Code (vgl. Kap. 1.2.1), Daten vom Lochstreifen im Baudot-Code, Daten von der Lochkarte im Hollorith-Code). Dadurch ist es vielfach nötig, die Form der Daten der Ein- und Ausgabegeräte an die interne Form der Daten in der DVA anzupassen, d. h. umzucodieren.

  Ein- und Ausgabegeräte liefern Daten außerdem z. T. parallel, z. T. seriell. Auch hier ist eine Anpassung nötig.

Bei manchen Daten können Übertragungsfehler erkannt und z. T. korrigiert werden. Diese Überprüfung übernimmt die Ein- und Ausgabesteuerung z. B. ebenfalls.

- Arbeitsspeicherverwaltung

  Das Betriebssystem legt die Programme und Daten an einer vom Betriebssystem vorgegebenen Stelle ab. Der Anwender hat darauf i.a. keinen Einfluß. Da die Programme i.a. nicht in der Maschinensprache geschrieben werden, müssen die verwendeten symbolischen Adressen in absolute Speicheradressen umgerechnet werden.

Betriebssysteme stellen ihre Leistung dem Anwender zur Verfügung, indem sie ihm viele Routineaufgaben abnehmen. Um das Betriebssystem zu den verschiedensten Tätigkeiten gezielt zu veranlassen, bedient man sich der sog. *Kommandosprache*. Durch Drücken der Taste RUN kann die DVA z. B. veranlaßt werden, ein gespeichertes Programm ablaufen zu lassen u. dgl.

Den Bedienungskomfort, den DVA's heute bieten, ist meist auf die Qualität der Betriebssysteme zurückzuführen.

Beispiele dafür sind z. B.:

- sog. HELP-Routinen (Hilfsroutinen),
- EDITOR-Programme,
- sowie Programme, die die Zusammenarbeit mit externen Speichern organisieren.

- Mit sog. HELP-Routinen kann man sich z. B. die möglichen Kommandos der Kommandosprache auflisten und erläutern lassen, so daß Handbücher weitgehend unnötig werden.
- Mit Hilfe eines sog. EDITOR's lassen sich Anwenderprogramme komfortabel entwickeln, d. h. über eine Tastatur eingeben und falls nötig, mit einfachen Kommandos schnell korrigieren.
- Vielfach reicht der interne Speicher (Arbeitsspeicher) für die Gesamtheit der zu erfüllenden Aufgaben nicht aus, bzw. die Programme und Daten sollen auch nach dem Abschalten der DVA noch sicher gespeichert sein. Aus diesen Gründen werden Daten und Programme in Form von sog. *Dateien*[1]) (engl. file) auf externen Speichern abgelegt. Der Benutzer muß sich keine Gedanken machen, wo und wie diese Dateien abgelegt werden. Dies erledigt für ihn das Betriebssystem. Aufgrund einfacher Kommandos, die vom Anwender gegeben werden, werden Dateien angelegt (eingerichtet), gelöscht, mit Daten bzw. Programmen gefüllt, verändert, verkettet, kopiert usw.

Wird eine DVA mit einem entsprechenden Betriebssystem versehen, kann eine DVA unter gewissen Voraussetzungen besser oder anders ausgenutzt werden.

Beispiele dafür sind:

- Mehrfachbenutzersysteme (Time-Sharing-Systeme) bzw.
- Echtzeitsysteme (Real-Time-Systeme)

---

[1]) Unter einer Datei versteht man sowohl Programme (vgl. Kap. 1.1) als auch Daten. Unter Daten versteht man Folgen von Buchstaben, Ziffern und Sonderzeichen, die von Programmen verarbeitet werden sollen (vgl. Kap. 1.1).

3.2 Mehrfachbenutzersysteme

Mehrfachbenutzersysteme gestatten die gleichzeitige Benutzung *einer* DVA durch *mehrere* Benutzer. Dies stellt die Verwaltung der Ein- und Ausgabegeräte bzw. die Speicherverwaltung vor zusätzliche Probleme.

- Ein- und Ausgabe-Verwaltung

  Durch die vielen Ein/Ausgabegeräte, die an einer einzigen DVA angeschlossen sind, fällt dem Betriebssystem hier zusätzlich die Aufgabe zu, die Ein/Ausgabegeräte so zu verwalten, daß jedem Ein- und Ausgabegerät bei Bedarf für eine bestimmte Zeit die Zentraleinheit zugeordnet wird. Der Anwender merkt von diesem nur zeitweiligen Anschluß der Ein- und Ausgabegeräte an die Zentraleinheit kaum etwas, denn bedingt durch die mechanische Ein- und Ausgabe ist die Zentraleinheit um Zehnerpotenzen schneller.

  Beispiel:

  Zwischen zwei Anschlägen eines Druckers vergeht z. B. 1 ms[1]). Die Ausführung eines Additionsbefehls benötigt ca. 1 μs[2]). Somit können zwischen zwei Anschlägen eines Druckers ca. 1000 Additionen ausgeführt werden.

- Speicherverwaltung

  Die Verwaltung des begrenzten Speichers in der Zentraleinheit ist hier besonders problematisch, denn es ist einzusehen, daß nicht *alle* Programme von *allen* Benutzern in *voller* Länge im Speicher stehen können, sondern immer nur Teile der Programme, oft in verschiedenen Speicherbereichen.

3.3 Echtzeitsysteme

Bei der Steuerung von Prozessen müssen i. a. mehrere Vorgänge (Prozesse) quasi *gleichzeitig* (Echtzeit) gesteuert und geregelt werden. Dazu müssen i. a. bestimmte Zeitbedingungen eingehalten werden. Diese Organisation übernimmt ebenfalls das Betriebssystem bei sog. Prozeßrechnern.

3.4 Firmware

Kleinere Betriebssysteme werden vielfach im Maschinencode oder der zugehörigen Assemblersprache geschrieben. Sie werden in *Festwertspeichern* (ROM's) abgelegt. Somit ist die Software hardwaremäßig festgelegt. Diese Form, die zwischen Hard- und Software liegt, nennt man auch *Firmware*. Diese Art der Speicherung ist vergleichsweise einfach und damit billig. Würde man eine andere dauerhafte Speicherung, z. B. auf einer Diskette vorsehen, so wäre dies bei billigen Mikrocomputern aufwendiger, denn die Diskette benötigt für ihren eigenen Betrieb schon ein aufwendiges Betriebssystem. Dies lohnt erst ab einer bestimmten Ausbaustufe eines Mikrocomputers, da dann ebenfalls umfangreichere Betriebssysteme benötigt werden. Sie werden dann wegen der Komplexität i.a. in höheren Programmiersprachen formuliert.

Nach diesen allgemeinen Ausführungen soll in den folgenden Kapiteln auf ein spezielles Betriebssystem für Mikrocomputer ausführlich eingegangen werden.

---

[1]) 1 ms ist eine Millisekunde (10^{-3} s)

[2]) 1 μs ist eine Mikrosekunde (10^{-6} s)

4 Grundlagen des CP/M-Betriebssystems

> CP/M ist eine Kurzschreibweise für „**C**ontrol **P**rogram for **M**icroprocessors", d. h.
> Betriebssystem für Mikroprozessoren (Mikrocomputer).

Es wurde von der Firma „Digital Research" entwickelt. Im Laufe der Zeit wurde es zum
„Quasi-Standard" für 8-Bit Mikroprozessor-Systeme.

4.1 Hardwareausrüstung

> CP/M ist ein Betriebssystem für nur <u>einen</u> einzigen Benutzer (Einbenutzersystem).

Das CP/M-Betriebssystem bedient somit nur ein Terminal (Eingabetastatur, Mikrocomputer,
Bildschirm).

Daher sind als Hardware-Mindestausstattung

- eine Eingabetastatur,
- ein Bildschirmsichtgerät,
- ein Mikrocomputer mit einer Arbeitsspeicherkapazität von
  mindestens 48 bis 64 KByte und
- zwei Diskettenlaufwerke

erforderlich.

Ein Drucker ist wünschenswert, um Ausgaben, die auf dem Sichtschirm erscheinen, auch
dauerhaft sichtbar zu machen.

4.2 Softwareausrüstung

Zur notwendigen Softwareausstattung gehört eine CP/M-Betriebssystemdiskette, kurz
Systemdiskette genannt.

Das CP/M-Betriebssystem ist ein spezielles Programmpaket zur Lösung von Aufgaben, die
beim Arbeiten mit Mikrocomputersystemen regelmäßig auftreten. Es erleichtert dem Benutzer die Handhabung des Mikrocomputersystems.

Das CP/M-Betriebssystem hat u. a. folgende Aufgaben:

- Es fragt ständig die Eingabe-Tastatur nach *Systemkommandos* ab. (Systemkommandos
  sind Kommandos, die das CP/M-Betriebssystem erkennen und ausführen kann).
- Es unterstützt die Anwenderprogrammentwicklung.
- Es sorgt für die Speicherplatzverwaltung im Hauptspeicher und auf den Disketten
  (Dateiverwaltung).
- Es verwaltet weitere Peripheriegeräte.

4.3 Allgemeine Struktur des CP/M-Betriebssystems

Das CP/M-Betriebssystem ist ein Programmpaket, d. h. es besteht aus einer Vielzahl einzelner Hilfsprogramme (utility programs). Sie lassen sich grob in drei große Bereiche unterteilen, die die Aufgaben und die Struktur des CP/M-Betriebssystems verdeutlichen.

> **Diese drei übergeordneten Aufgabenbereiche sind:**
>
> - **Der CCP (Console Command Processor)**
>   **Der CCP dient zur Ausführung der von der Konsole eingegebenen CP/M-Kommandos (Eingabe über die Konsole, d. h. Eingabe über die Eingabetastatur).**
> - **Das BDOS (Basic Disk Operating System)**
>   **Das BDOS ist ein grundlegendes Disketten-Verwaltungssystem.**
> - **Das BIOS (Basic Input/Output System)**
>   **Das BIOS ist ein grundlegendes Ein/Ausgabe-System.**

Diese drei elementaren Bestandteile des CP/M-Betriebssystems wirken wie folgt zusammen (vgl. Bild 4.1).

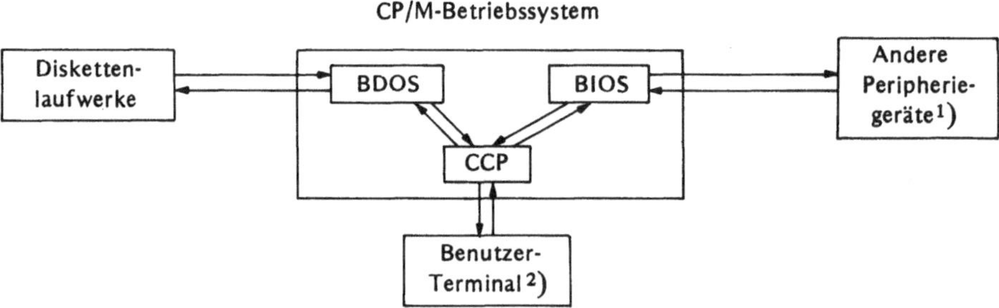

Bild 4.1 Zusammenwirken der elementaren CP/M-Bestandteile CCP, BDOS und BIOS

Der CCP

Der CCP kommuniziert als einziger Bestandteil des CP/M-Betriebssystems *direkt* mit dem Benutzer (Anwender des Systems).

- Es nimmt die Kommandos, die der Benutzer über die Tastatur eingibt, entgegen und gibt sie zur Kommandoausführung weiter. Je nach Art des eingegebenen Kommandos wird die Kommandobearbeitung an das BDOS bzw. BIOS weitergegeben.
- Der CCP kontrolliert die korrekte Ausführung der Kommandos.
- Der CCP gibt dem Benutzer Meldung über die korrekte Ausführung und Beendung des Kommandos bzw. über eventuelle Fehler.

Der CCP kann somit als übergeordneter Bestandteil gegenüber BDOS und BIOS gelten, denn sowohl das BDOS als auch das BIOS wird vom CCP mit Aufgaben versorgt. BDOS und BIOS sind somit nur Hilfssysteme.

---

[1]) Andere Peripheriegeräte sind z. B. Drucker, Lochkartenleser, Lochstreifenstanzer o. ä.

[2]) Eingabetastatur und Bildschirmsichtgerät.

Das BDOS

Das BDOS dient zur *Dateiverwaltung*[1]), führt die Datenübertragungen von und zu den
Disketten in der richtigen Form aus, überprüft die Richtigkeit der Datenübertragung usw..

Das BIOS

Das BIOS kommuniziert mit anderen Peripheriegeräten. Mit anderen Peripheriegeräten
sind hier Geräte gemeint, die bislang noch nicht angesprochen wurden, d. h. alle Peripheriegeräte außer dem Benutzer-Terminal und den Diskettenlaufwerken, wie z. B. Drucker, Lochkartenleser, Lochstreifenstanzer o. ä..

Diese drei Bestandteile des CP/M-Betriebssystems müssen mit Hilfe eines Monitors (vgl.
Kap. 3.1) in den Arbeitsspeicher des Mikrocomputers geladen werden. Der noch freiblei-
bende Bereich des Arbeitsspeichers wird bei CP/M i.a. TPA (Transient Program Area, d. h.
transienter, flüchtiger Programmbereich) genannt. Dies ist der Speicherbereich, in dem alle
Programme geladen und gestartet werden. Er dient u. a. auch zur Aufnahme sog. transienter CP/M-Kommandos. Dies sind CP/M-Kommandos in Form von Programmen, die nicht
dauerhaft in den Arbeitsspeicher geladen werden wie z. B. Kommandos des CCP. Sie werden nur bei Bedarf von der Systemdiskette in den Arbeitsspeicher geladen und gestartet.

Dies hat den Zweck, einen möglichst großen Teil des Arbeitsspeichers für Anwenderprogramme frei zu halten (vgl. Bild 4.2).

CCP
BDOS
BIOS
TPA

Bild 4.2 Prinzipielle Arbeitsspeicherplatzaufteilung
bei CP/M

4.4 Einführung in die CP/M-Kommandos

> **Man unterscheidet bei CP/M zwischen**
>
> - **dauerhaft gespeicherten Kommandos (built-in-commands, d. h. eingebaute,
>   residente Kommandos) und**
>
> - **von Diskette ladbaren Kommandos (transient commands, d. h. flüchtige
>   Kommandos).**

Die dauerhaft gespeicherten Kommandos sind fester Bestandteil des CCP und können sofort ausgeführt werden, da sie schon im Arbeitsspeicher stehen, während die transienten
Kommandos zunächst von der Diskette in den Arbeitsspeicher (TPA) geladen werden müssen und erst anschließend ausgeführt werden können.

Bei der Eingabe transienter Kommandos ist i. a. folgender Ablauf vorgesehen:

Wenn der CCP ein Kommando über die Tastatur empfängt, das nicht dauerhaft gespeichert
ist, wird angenommen, daß es ein ladbares Kommando ist. Der CCP veranlaßt das BDOS,
dieses in Form einer Datei vorhandene Kommando auf der Diskette zu suchen und in den

---

[1]) Unter einer Datei (engl. file) versteht man sowohl Programme als auch Daten (vgl. Kap. 1.1).

transienten Programmbereich des Arbeitsspeichers zu laden. Anschließend kann das geladene Kommando ausgeführt werden.

Das CP/M-Betriebssystem besitzt 5 wichtige dauerhaft gespeicherte Kommandos, sowie 5 wichtige ladbare Kommandos, deren Aufgaben im Folgenden kurz umrissen werden.

4.4.1 Dauerhaft gespeicherte CP/M-Kommandos

Nr.	Kommando	Kurzform für	Aufgabe des Kommandos
1	DIR	Directory (Dateiinhaltsverzeichnis)	Mit Hilfe des DIR-Kommandos kann ermittelt werden, ob auf einer Diskette bestimmte Dateien[1]) vorhanden sind. Es können auch spezielle Dateitypen bzw. Dateigruppen auf einer Diskette ermittelt werden. Außerdem lassen sich alle Dateinamen von den Dateien, die auf einer Diskette vorhanden sind, ausgeben. Das Kommando dient also dazu, den Inhalt von Disketten wie in einem Inhaltsverzeichnis eines Buches schnell überprüfen zu können.
2	REN	Renaming files (Umbenennung von Dateien)	Mit Hilfe des REN-Kommandos können vorhandene Dateinamen[1]) umbenannt werden.
3	TYPE	Type (Drukken von Dateien)	Mit Hilfe des TYPE-Kommandos können Dateiinhalte[1]) von vorhandenen Dateien auf dem Bildschirm ausgegeben werden.
4	ERA	Erase (Löschen von Dateien)	Mit Hilfe des ERA-Kommandos können vorhandene Dateien[1]) auf der Diskette gelöscht werden.
5	SAVE	Save (Sichern, Retten)	Mit Hilfe des SAVE-Kommandos können Speicherinhalte aus dem Arbeitsspeicher (transienter Programmspeicher TPA) auf eine Diskette gebracht und dort als Datei[1]) dauerhaft gespeichert werden.

Mit Hilfe dieser elementaren Kommandos kann somit ermittelt werden:

- ob eine gesuchte Datei auf einer Diskette vorhanden ist (DIR),
- falls gewünscht, ist eine Umbenennung von Dateien möglich (REN).
- Datei*inhalte* können von der Diskette auf den Bildschirm gebracht und somit sichtbar gemacht werden (TYPE).
- Nicht mehr benötigte Dateiinhalte können gelöscht werden (ERA).
- Es können Daten aus dem Arbeitsspeicher zur Diskette übertragen werden (SAVE).

---

[1]) Unter einer Datei versteht man sowohl Programme als auch Daten (vgl. Kap. 1.1).

4.4.2 Von der System-Diskette ladbare Kommandos

Diese Programme müssen als Dateien auf der Systemdiskette in Maschinensprache vorhanden sein, damit sie in den Arbeitsspeicher geladen und sofort ausgeführt werden können.

Nr.	Kommando	Kurzform für	Aufgabe des Kommandos
1	ED	Edit (Redigieren, d. h. selber verfassen, überarbeiten, ergänzen oder kürzen)	Mit Hilfe des ED-Kommandos können neue Dateien erzeugt (generiert) und verändert werden.
2	PIP	Peripheral Interchange Program (Programm zum Datenaustausch zwischen peripheren Geräten)	Mit Hilfe des PIP-Kommandos können Dateien zwischen peripheren Geräten ausgetauscht werden. Häufig wird dieses Kommando dazu benutzt, Kopien von Dateien zu erzeugen. Dazu wird eine Datei von einer Diskette in den Arbeitsspeicher geladen und von dort auf eine andere Diskette gebracht. Die zugehörigen Diskettenlaufwerke stellen die peripheren Geräte dar. Man kann aber z. B. auch Dateien von einer Diskette zu einem Drucker senden o. ä. . Hier sind die peripheren Geräte, zwischen denen Dateien ausgetauscht werden, das Diskettenlaufwerk und der Drucker.
3	STAT	Status (Zustand)	Mit Hilfe des STAT-Kommandos kann der Zustand (Status) des Systems angezeigt werden. Hierzu gehört zum einen die Ermittlung des freien Speicherplatzes auf Disketten, des Speicherplatzbedarfs einzelner Dateien auf Disketten, sowie die Möglichkeit der Zuordnung von Geräten bzw. die Anzeige der jeweiligen Gerätezuordnung.
4	CPMCOPY (SYSGEN)	CPM-Copy (CP/M-Kopie)	Mit Hilfe des oben angeführten PIP-Kommandos lassen sich nur *Dateien* von Disketten kopieren. Das CP/M-Betriebssystem besteht jedoch nicht nur aus auf Disketten gespeicherten Dateien. Auf speziellen Spuren der Diskette stehen wesentliche Bestandteile des CP/M-Betriebssystems, die sich nur mit Hilfe dieses Kommandos kopieren lassen. Da bei dem Kopiervorgang Spur für Spur der Systemdiskette kopiert wird, werden selbstverständ-

			lich dabei alle Dateien kopiert, die auf der Systemdiskette vorhanden sind. Dieses Kopier-Kommando für CP/M wird z. T. auch anders genannt (z. B. SYSGEN).
5	SUBMIT	Submit (Einreichen, vorlegen)	Mit Hilfe des SUBMIT-Kommandos können mehrere CP/M-Kommandos miteinander verknüpft werden. Sie werden automatisch hintereinander ausgeführt (sog. Batch-Verarbeitung, d. h. Stapelverarbeitung).

4.4.3 Steuerzeichen

Das CP/M-Betriebssystem verfügt über eine Reihe von Steuerzeichen mit denen die Ein- und Ausgabe gesteuert werden kann. Dazu muß die $\boxed{\text{CTRL}}$ -Taste (ctrl = control = steuern) gleichzeitig zusammen mit einer bestimmten Buchstabentasten gedrückt werden. Die gewünschte Funktion wird sofort ausgeführt. Die wichtigsten Steuerzeichen werden im Folgenden angegeben.

Nr.	Steuerzeichen	Aufgabe
1	$\boxed{\text{CTRL}}\,\boxed{\text{C}}$	Dieses Steuerzeichen bricht die gerade laufende Bearbeitung von Programmen ab und startet das CP/M-Betriebssystem erneut (*Warm*start). Dies ist eine Art „Notbremse" für den Fall, daß das System aus irgendeinem Grund nicht richtig arbeitet und ein neuer Versuch gestartet werden muß. Es muß dabei bedacht werden, daß bei diesem Vorgang der Inhalt des Arbeitsspeichers gelöscht wird. Der „*Kalt*start" (Aus- und wieder Einschalten des Computers) wird dadurch i.a. umgangen (vgl. Kap. 5.3).
2	$\boxed{\text{CTRL}}\,\boxed{\text{E}}$	Wenn eine Kommandozeile länger als eine physikalische Zeile (z. B. 8Ø Zeichen) wird, müßte eigentlich die Wagenrücklauftaste (carriage *return*) gedrückt werden, damit der Cursor an den Anfang der nächsten Zeile springt. Dies ist aber auch gleichzeitig das Kennzeichen, daß die Kommandoeingabe beendet ist und das Kommando ausgeführt werden soll. Wird am physikalischen Ende der Zeile jedoch das $\boxed{\text{CTRL}}\,\boxed{\text{E}}$ -Steuerzeichen eingegeben, springt der Cursor zum Anfang der nächsten Zeile, ohne daß das Kommando ausgeführt wird. Das Kommando kann in der neuen Zeile zu Ende geschrieben werden. Erst das Drücken der RETURN-Taste am Ende der Eingabe führt zur Ausführung des Kommandos.
3	$\boxed{\text{CTRL}}\,\boxed{\text{U}}$ $\boxed{\text{CTRL}}\,\boxed{\text{X}}$	Mit Hilfe dieser beiden Steuerzeichen kann die gesamte am Bildschirm angezeigte Zeile gelöscht werden.
4	$\boxed{\text{CTRL}}\,\boxed{\text{R}}$	Mit Hilfe dieses Steuerzeichens wird die jeweils aktuelle Zeile am Bildschirm noch einmal angezeigt (z. B. nach einer Korrektur von Fehlern).

5	CTRL Z	Beendet den *Einfüge*vorgang (<u>in</u>sert) beim Editieren (vgl. 10.2.2). Die weitere Steuerung wird zunächst wieder an den Editor übergeben. Die Ausgabe dieses Steuerzeichens erfolgt auf dem Sichtschirm vielfach als Zeichenfolge wie ∧Z oder ↑Z.
6	CTRL S	Mit Hilfe dieses Steuerzeichens kann die Bildschirmausgabe vorübergehend angehalten werden. Damit wird erreicht, daß man einen Bereich der Ausgabe gezielt und in Ruhe anschauen kann. Die Bildschirmausgabe kann wieder gestartet werden. Der Neustart der Bildschirmausgabe wird bei verschiedenen CP/M-Versionen unterschiedlich eingeleitet: 1) Es muß eine beliebige Taste außer CTRL S gedrückt werden oder 2) es muß erneut CTRL S gedrückt werden. Die jeweilige Art ist dem CP/M-Handbuch des Herstellers zu entnehmen.
7	CTRL P	Mit Hilfe dieses Steuerzeichens kann die Druckausgabe parallel zur Bildschirmausgabe erfolgen, d. h. alle Zeichen, die auf dem Bildschirm zu sehen sind, werden auch auf dem Drucker ausgedruckt. Möchte man den Druckvorgang beenden, so ist erneut CTRL P zu drücken (siehe Kap. 13).
8	CTRL I	CTRL I ist ein Tabulatorsteuerzeichen. Das nächste Zeichen, das nach diesem Steuerzeichen eingegeben wird, wird standardmäßig um 8 Spalten verschoben ausgegeben (vgl. Kap. 11.5.1).
9	CTRL L	In einer Zeichenfolge muß das RETURN-Zeichen durch das Steuerzeichen CTRL L ersetzt werden (vgl. Kap. 10.4).

Auf die praktische Anwendung dieser Steuerzeichen wird später im Zusammenhang mit der Erläuterung der CP/M-Kommandos näher eingegangen.

In diesem Kapitel wurden die wesentlichen Grundlagen des CP/M-Betriebssystems aufgeführt. Möchte man jedoch mit dem CP/M-Betriebssystem arbeiten, so muß man weitere Einzelheiten des Systems kennenlernen. Diese Kenntnisse sollen in diesem Buch vermittelt werden. Bei der Vermittlung dieser Kenntnisse wird jedoch nicht die gleiche Reihenfolge eingehalten, die das einführende Kapitel aufwies. Es wird hingegen eine Reihenfolge gewählt, wie sie ein Anfänger, der sich gerade ein CP/M-Betriebssystem gekauft hat und einsetzen möchte, beschreiten müßte, um sich schrittweise einzuarbeiten mit dem Ziel, Dateien zu erstellen und zu überarbeiten und unter CP/M-Kontrolle ablaufen zu lassen.

Außerdem wird auf selten benötigte Details zugunsten des Überblicks nicht näher eingegangen. Nach einem grundlegenden Verständnis des CP/M-Systems sind diese Details dem CP/M-Handbuch des Herstellers zu entnehmen und können richtig eingeordnet und verstanden werden.

4.5 Zusammenfassung

CP/M ist eine Kurzschreibweise für „Control Program for Microprocessors", d. h.
ein Betriebssystem für Mikroprozessoren (Mikrocomputer).

CP/M ist ein Einbenutzersystem mit folgenden Mindestanforderungen an die Hardware:

- Eingabetastatur,
- Bildschirmsichtgerät,
- Mikrocomputer mit einer Arbeitsspeicherkapazität von mindestens 48 bis 64
  K Byte,
- Zwei Diskettenlaufwerke.

Zur notwendigen Softwareausrüstung gehört nur eine CP/M-Betriebssystemdiskette.

Das CP/M-Betriebssystem ist ein Programmpaket. Die drei elementaren Bestandteile dieses Programmpaketes sind:

- Der CCP (Console Command Processor)
  Er hat die Aufgabe, die von der Konsole eingegebenen CP/M-Kommandos auszuführen bzw. ausführen zu lassen.
- Das BDOS (Basic Disk Operating System)
  Es ist ein grundlegendes Disketten-Verwaltungssystem.
- Das BIOS (Basic Input Output System)
  Es ist ein grundlegendes Ein/Ausgabesystem.

Diese drei elementaren Bestandteile des CP/M-Betriebssystems wirken wie folgt
zusammen:

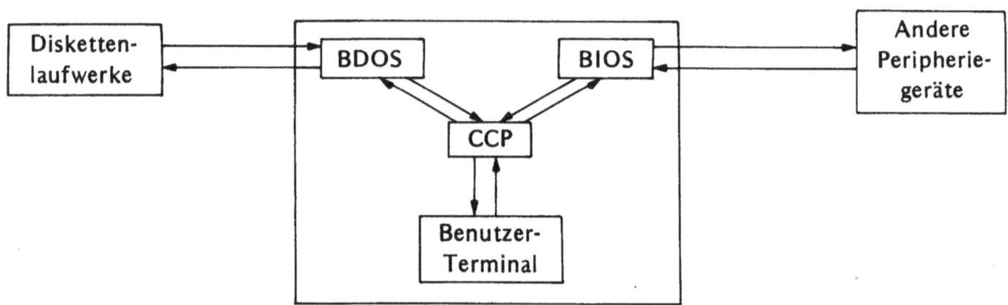

Man unterscheidet bei CP/M zwischen

- dauerhaft gespeicherten Kommandos (built in commands) und
- von Diskette ladbaren Kommandos (transient commands).

Dauerhaft gespeicherte CP/M-Kommandos sind:

- DIR   — Dateiinhaltsverzeichnisse ausgeben.
- REN   — Umbenennung von Dateinamen.
- TYPE — Ausgabe von Dateiinhalten.
- ERA   — Löschen von Dateien.
- SAVE — Speichern von Dateien aus dem Arbeitsspeicher auf Disketten.

Von der Systemdiskette ladbare Kommandos sind:
- ED   — Dateien erzeugen und ändern.
- PIP   — Dateien zwischen peripheren Geräten austauschen.
- STAT   — Anzeige des Systemzustands.
- CPMCOPY   — Kopieren der gesamten CP/M-Systemdiskette.
  (SYSGEN)
- SUBMIT   — Verknüpfen von CP/M-Kommandos.

Außerdem verfügt das CP/M-Betriebssystem über eine Reihe von Steuerzeichen:

CTRL C   — Warmstart des CP/M-Betriebssystems.
CTRL E   — Beenden einer Kommandozeile, falls das Kommando in der näch-
            sten Zeile fortgesetzt werden soll.
CTRL U   — Löschen der am Bildschirm angezeigten Zeile.
CTRL Z   — Beenden des Einfügevorgangs beim Editieren.
CTRL S   — Anhalten der Bildschirmausgabe (und Neustart).
CTRL P   — Druckausgabe parallel zur Bildschirmausgabe starten (und an-
            halten).

4.6 Übungsaufgaben

Die Lösungen der folgenden Übungsaufgaben befinden sich in Kap. 19.

Aufgabe 4.1

1. Ist das CP/M-Betriebssystem
   a) ein Hardware-System?
   b) ein Software-System?
   c) ein Firmware-System?

Aufgabe 4.2

Was versteht man unter

a) CCP?
b) BDOS?
c) BIOS?

Aufgabe 4.3

a) Wozu dient das CP/M-Kommando ERA?
b) Wozu dient das CP/M-Kommando ED?
c) Was bewirkt das Steuerzeichen CTRL C?

5 Starten des CP/M-Betriebssystems

5.1 Einschalten des Mikrocomputers

Zunächst muß der Mikrocomputer eingeschaltet werden.

Bei einem separaten Bildschirm muß auch dieser i. a. eingeschaltet werden. Nach kurzer Zeit meldet sich der Monitor (vgl. Kap. 3.1) des Mikrocomputers. Der Mikrocomputer wartet auf eine Eingabe (vgl. Kap. 5.3).

5.2 Einlegen der CP/M-Betriebssystemdiskette

Die CP/M-Systemdiskette wird in das Laufwerk A eingelegt.

Für das Einlegen von Disketten in Diskettenlaufwerke, sowie die Behandlung der Disketten schauen Sie sich im Zweifelsfall noch einmal Kap. 1.2.3 an.

Ist die Schreibschutzkerbe überklebt, können von der Systemdiskette nicht nur Daten gelesen, sondern auch Daten auf der Systemdiskette gespeichert werden.

5.3 Laden des CP/M-Betriebssystems

Nach dem Einlegen der Systemdiskette in das Laufwerk A soll das CP/M-Betriebssystem von der Systemdiskette in den Mikrocomputer geladen werden. Dazu muß ein entsprechendes Kommando über die Tastatur eingegeben werden, das der Monitor des Mikrocomputers entsprechend interpretiert und ausführt.

Bei der Alphatronic von Triumph-Adler muß z. B. die Buchstabentaste B gedrückt werden. Dieses Kommando wird ausgeführt, wenn die *RETURN-Taste* (Kurzform für engl.: carriage return, d. h. Wagenrücklauf) gedrückt wird.

Es soll schon an dieser Stelle darauf hingewiesen werden, daß alle einzugebenden Kommandos durch Drücken der RETURN-Taste abzuschließen sind. Erst dann beginnt der Mikrocomputer mit der Ausführung der Kommandos. Ausnahmen davon bilden nur die Steuerzeichen (vgl. 4.3.3), bei denen nach dem Drücken der entsprechenden Tasten die Ausführung sofort beginnt.

In diesem Buch wird die Aufforderung zum Drücken der RETURN-Taste vereinfacht symbolisch durch einen *„rückwärts"* gerichteten Pfeil dargestellt (↵). Somit wird das CP/M-Betriebssystem bei der Alphatronic wie folgt geladen:

B	↵

Bei anderen Mikrocomputern muß im Benutzerhandbuch nachgeschlagen werden, wie das CP/M-Betriebssystem zu laden ist, da dies leider nicht einheitlich geregelt ist.

Daraufhin leuchtet die Kontrollampe des Laufwerkes A auf. Dies ist ein Zeichen dafür, daß
das CP/M-Betriebssystem geladen wird. Nach Abschluß des Ladevorgangs erscheint eine
entsprechende Meldung, z. B.:

> 48 K CP/M vers 2.2/1.2
> A >

Diese Systemmeldung zeigt an, daß es sich um eine 48 K-Byte CP/M-Betriebssystem-Version
der Entwicklungsstufe 2.2 handelt, die die Entwicklungsstufe 1.2 beinhaltet.

So oder ähnlich sehen auch die Systemmeldungen bei anderen Mikrocomputern aus.

Die Zeichenfolge

> A >

zeigt an, daß das CP/M-Betriebssystem bereit ist, CP/M-Kommandos entgegenzunehmen.
Es ist das *Bereitschaftszeichen des CP/M-Systems* (system prompt). Dieses Bereitschaftszeichen ist bei allen CP/M-Systemen und allen Mikrocomputern gleich.

Lädt man das CP/M-Betriebssystem auf diese Weise, so nennt man dies einen *Kaltstart*
(engl. cold start, cold boot, bootstrap operation). Es ist das Starten des CP/M-Betriebs-
systems vom niedrigsten Systemzustand, d. h. vom noch nicht eingeschalteten, quasi
„kalten" Mikrocomputer. Dies bringt auch der Ausdruck „bootstrap" (sich selbst an den
Haaren hochziehen) zum Ausdruck, denn mit dem Monitor wird das CP/M-Betriebssystem
von der Diskette geladen und CP/M startet sich anschließend selbst.

Während der Arbeit mit dem Mikrocomputer können möglicherweise durch fehlerhafte
Eingaben oder Fehler im System Dinge vorkommen, deren Ursache nicht ermittelt werden
kann bzw. nicht mehr rückgängig zu machen ist. Ein Ausschalten des Systems und ein neuer
Kaltstart wäre zu umständlich. Es ist auch ein Neustart des CP/M-Betriebssystems vom ein-
geschalteten, quasi „warmen" Zustand möglich. Dies erreicht man durch Drücken der
Tasten CTRL und C . Dies nennt man *Warmstart* (vgl. Kap. 4.4.3).

5.4 Laufwerksumschaltung

Das Systembereitschaftszeichen enthält eine Angabe, welches Diskettenlaufwerk gerade zugeschaltet (aktiv) ist. Bei mehreren Diskettenlaufwerken muß ein Umschalten möglich sein.

> **Sind mehrere Laufwerke vorhanden, so läßt sich die Laufwerksumschaltung allgemein durch folgendes Kommando bewerkstelligen:**
>
> | Neue Laufwerksangabe | : | ↵ |

Als Laufwerksangabe werden bei CP/M Buchstaben verwendet. Das Systemlaufwerk hat den Buchstaben A, ein zweites Laufwerk den Buchstaben B, ein drittes Laufwerk den Buchstaben C usw..

> **Nach Bearbeitung des Kommandos meldet sich das CP/M-Betriebssystem bereit mit der Angabe des Laufwerkes, auf das umgeschaltet wurde, d. h. allgemein mit:**
>
> | Neue Laufwerksangabe | > |

> **Alle weiteren CP/M-Kommandos beziehen sich auf das jeweils zugeschaltete, aktive (angemeldete) Laufwerk, falls nicht im Kommando selbst ein anderes Laufwerk angegeben wird (vgl. Kap. 6.5).**

Beispiel 5.1

Möchte man z. B. von Diskettenlaufwerk A auf Diskettenlaufwerk B umschalten und von Laufwerk B wieder zurück auf Laufwerk A, so ist dies durch folgende Eingaben möglich:

Ausgabe auf dem Sichtschirm	Eingabe über die Tastatur	Erläuterung
A >		A > ist das CP/M-Systembereitschaftszeichen *vor* der Eingabe.
	B: ↵	B: ist das Kommando zum Umschalten auf das Laufwerk B.
		↵ Durch Betätigung der RETURN-Taste wird das Umschalt-Kommando auf der Eingabeseite abgeschlossen. Das Kommando wird anschließend ausgeführt. Im Laufwerk B muß sich eine Diskette befinden (zumindest eine leere Diskette), da sonst folgende Fehlermeldung ausgegeben wird:
		Bdos Err On B: Bad Sector
		Mit Hilfe eines Warmstarts (CTRL C) läßt sich wieder der ursprüngliche Zustand herstellen.
B >		B > Nach Ausführung des Kommandos meldet sich das CP/M-Betriebssystem mit dem neuen Bereitschaftszeichen B > und ist zur Aufnahme von CP/M-Kommandos bereit.
	A: ↵	A: Kommando zum Umschalten auf das ursprüngliche Laufwerk A.
A >		A > Bereitschaftsmeldung des Systems mit Laufwerk A.

Möchte man z. B. auf Dateien anderer Laufwerke zugreifen, ohne direkt auf das Laufwerk umzuschalten, so sieht CP/M auch dafür Möglichkeiten vor, auf die später noch eingegangen wird (vgl. Kap. 6.4).

5.5 Zusammenfassung

Starten des CP/M-Betriebssystems

Kaltstart:

- Einschalten des Mikrocomputers und seiner Peripherie.
- Einlegen der CP/M-Betriebssystemdiskette in Laufwerk A.
- Laden des CP/M-Betriebssystems.
- Warten auf das CP/M-Bereitschaftszeichen A>.

Warmstart:

- Gleichzeitiges Drücken der Tasten CTRL und C.

Bereitschaftszeichen:

Nach dem Starten des CP/M-Betriebssystems erscheint das
CP/M-Bereitschaftszeichen

A >

zum Zeichen, daß CP/M-Kommandos eingegeben werden können und daß zur
Zeit das Laufwerk A zugeschaltet (aktiv) ist. Eine Umschaltung auf ein anderes
Laufwerk ist möglich mit Hilfe des Kommandos:

Neue Laufwerksangabe : ↵

Es meldet sich dann das CP/M-Betriebssystem bereit mit:

Neue Laufwerksangabe >

Die Laufwerke werden mit Buchstaben A, B, C ... angegeben. A ist das Systemlaufwerk, B ein zweites Laufwerk, C ein drittes Laufwerk usw.

Alle weiteren CP/M-Kommandos beziehen sich auf das jeweils zugeschaltete Laufwerk, falls nicht im Kommando selbst ein anderes Laufwerk angegeben wird.

5.6 Übungsaufgaben

Die Lösungen der folgenden Übungsaufgaben befinden sich in Kap. 19.

Aufgabe 5.1

Wie bewirken Sie einen Warmstart des CP/M-Betriebssystems?

Aufgabe 5.2

Welchen Buchstaben hat das Systemlaufwerk?

Aufgabe 5.3

Wie lautet das allgemeine Kommando, um von einem Laufwerk auf ein anderes Laufwerk
umzuschalten?

6 CP/M-Dateinamen

6.1 Allgemeine Form eines Dateinamens

Beispiel 6.1

Geben Sie, wenn sich das CP/M-Betriebssystem mit A > bereit gemeldet hat, folgendes CP/M-Kommando ein (vgl. Kap. 4.4.1 und 8):

    &boxed{DIR} ↵

(Dazu müssen die einzelnen Buchstaben D, I, R, sowie abschließend die RETURN-Taste, hier kurz mit ↵ bezeichnet, gedrückt werden.)

Auf dem Bildschirm erscheint eine Ausgabe, die z. B. folgendermaßen aussieht:

```
A: STAT      COM:   PIP    COM :  SUBMIT    COM
A: CPMCOPY   COM:   ED     COM :
```

Sie werden sich erinnern, daß die Wortgebilde STAT, PIP, SUBMIT, CPMCOPY und ED die von der Systemdiskette ladbaren CP/M-Kommandos sind (vgl. 4.3.2). Der Zusatz COM wird später erläutert (vgl. Kap. 6.2). Außerdem wird am Anfang jeder Ausgabezeile das Laufwerk angegeben, das zur Zeit aktiv ist. Hier ist z. B. das Laufwerk A zur Zeit aktiv. Die einzelnen Angaben werden durch Doppelpunkte voneinander getrennt.

Sie wissen ferner, daß mit Hilfe des Kommandos DIR ↵ das Dateiinhaltsverzeichnis einer Diskette ausgegeben wird (vgl. Kap. 4.4.1 und Kap. 8). Somit ist die obige Ausgabe eine Liste der auf der Systemdiskette vorhandenen *Dateien*[1]).

Diese Dateien lassen sich mit Hilfe von sog. *Dateinamen* (engl.: file name) unterscheiden.

Die obigen Wortgebilde sind dafür Beispiele.

Die ladbaren CP/M-Kommandos sind somit spezielle Programme, die in Form von Dateien auf einer Diskette gespeichert sind. Zum leichten Auffinden und Unterscheiden der Dateien auf der Diskette ordnet man den Dateien Dateinamen zu.

Für CP/M-Dateien können die Dateinamen nicht willkürlich gewählt werden. Es sind einige Bildungsregeln zu beachten, die im Folgenden beschrieben werden.

Ein CP/M-Dateiname besteht im allgemeinsten Fall aus

- einem Datei-Hauptnamen und
- einem Datei-Ergänzungsnamen (Dateikennung, Dateityp, engl.: extension).

Diese beiden Bestandteile eines CP/M-Dateinamens werden durch einen Punkt getrennt.

> **Somit ergibt sich folgende allgemeine Form für einen CP/M-Dateinamen:**
>
> > **Dateihauptname . Dateiergänzungsname**

---

[1]) Unter einer Datei versteht man sowohl *Programme* (Folge von Befehlen, vgl. Kap. 1.1) als auch *Daten* (Folge von Buchstaben, Ziffern und Sonderzeichen), die von einem Programm verarbeitet werden sollen (vgl. Kap. 1.1).

6.2 Dateihauptnamen

> **Der Dateihauptname besteht aus höchstens 8 Zeichen des auf der Tastatur mögli-chen Zeichenvorrats.**
>
> **Die Sonderzeichen**
>
> **< > . , : ; = * ? [ ]**
>
> **dürfen jedoch nicht im Namen verwendet werden. Für die Zeichen ? und * gelten besondere Regeln innerhalb der Dateinamen (vgl. Kap. 6.4).**

Der Dateihauptname sollte mit Hilfe dieser Zeichen so gewählt werden, daß man erkennt, wozu die Datei dient bzw. was sie enthält.

> **Es sollte somit ein aussagekräftiger Dateihauptname gewählt werden.**

Beispiele 6.2:

STAT   für <u>Sta</u>tus
ED   für <u>Ed</u>itor
BSP1   für <u>Beis</u>piele, die z. B. durchnumeriert werden.

6.3 Dateiergänzungsnamen

> **Der Dateiergänzungsname besteht aus höchstens 3 beliebigen Zeichen des auf der Tastatur möglichen Zeichenvorrats.**

Hierbei gelten die gleichen Einschränkungen bezüglich der Sonderzeichen wie beim Datei-hauptnamen.

> **Der Dateiergänzungsname dient dazu, den Dateityp näher zu beschreiben. Die An-gabe eines Dateiergänzungsnamens ist nur in wenigen Fällen unbedingt erforderlich.**

Er kann also im allgemeinen wahlweise angegeben werden oder nicht. Es genügt somit allein der Dateihauptname, um einen CP/M-Dateinamen festzulegen.

Aus Gründen der Übersicht unter den Dateien auf einer Diskette empfiehlt sich jedoch, stets einen Dateiergänzungsnamen zu wählen, der den Dateityp kennzeichnet.

Folgende Dateiergänzungsnamen sind für bestimmte Dateitypen fest vergeben:

Dateiergänzungs-name	Dateityp
BAS	Möchte ein Programmierer <u>BAS</u>IC-Quell-Programme mit Hilfe des CP/M-Betriebssystems bearbeiten, so muß an den frei wählbaren Dateihauptnamen, durch einen Punkt getrennt, der Dateiergänzungsname BAS angefügt werden.
FOR	Dieser Dateiergänzungsname ist, entsprechend dem Dateier-gänzungsnamen BAS, für <u>FOR</u>TRAN-Quellprogramme reser-viert.

ASM	Dieser Dateiergänzungsname ist Assembler-Quellprogrammen vorbehalten.
BAK	Vom Editor (vgl. Kap. 10) wird eine Sicherungsdatei (Back up — — Datei) mit dem Dateiergänzungsnamen BAK erstellt. Sie ermöglicht stets den Rückgriff auf den vor dem Editieren vorhandenen Zustand. Somit ist bei fehlerhaftem Editieren nicht der vollständige Verlust einer Datei zu befürchten. Weitere Einzelheiten sind dem Kap. 10.2.2 zu entnehmen.
$$$	Vom Editor wird beim Einrichten *neuer* Dateien eine *Zwischendatei* mit dem Dateiergänzungsnamen $$$ erstellt. Weitere Einzelheiten sind dem Kap. 10.2.1 zu entnehmen.
LIB	Eine einzufügende Bibliotheksfunktion muß den Dateiergänzungsnamen LIB (engl. library, d. h. Bibliothek) aufweisen (vgl. Kap. 10.3.12).
REL	Beim Übersetzen werden mit Hilfe von Compilern (vgl. Kap. 2.4) der unterschiedlichsten Programmiersprachen (BASIC, FORTRAN usw.) Dateien vom Typ REL erzeugt. Dies sind die Objektcodedateien der Quellprogramme z. B. vom Typ BAS, FOR o. ä..
PRN	Auf Wunsch können beim Übersetzen gleichzeitig Druckdateien (PRINT) erzeugt werden.
COM	Die REL-Dateien müssen noch gebunden (ge„linkt") werden. Erst nach diesem Vorgang ist ein Programm auf dem Computer ausführbar und kann gestartet werden. Diese Dateien sind vom Typ COM. Aus diesem Grunde sind auch alle CP/M-Dateien vom TYP COM (vgl. dazu die Angaben der Dateinamen aufgrund des DIR-Kommandos am Anfang dieses Kapitels).
SUB	Für den Anwender ist es vielfach zweckmäßig, immer wiederkehrende Folgen von Kommandos automatisch ablaufen zu lassen. Zu diesem Zweck werden die Kommandos in einer Datei vom Typ SUB gespeichert und bei Eingabe des SUBMIT-Kommandos abgearbeitet (vgl. Kap. 16.1).

Möchte man auf Dateien beliebigen Typs zugreifen, um sie z. B. zu ändern, kopieren, löschen o. ä., so muß stets der *volle* Dateiname, d. h. der Haupt- und Ergänzungsname, angegeben werden.

Eine Ausnahme stellen nur Dateien vom Typ COM dar, die sofort ausführbar sind. Die Angabe von COM kann entfallen, um ein Programm mit einem bestimmten Dateinamen zu starten (vgl. Kap. 17).

Auf einer Diskette darf nur einmal eine Datei mit ein und demselben Dateinamen auftreten, d. h. der Dateiname muß auf einer Diskette eindeutig zugeordnet sein.

6.4 Dateigruppennamen

Vielfach ist es wünschenswert, nicht nur *einzelne* bestimmte Dateien bezeichnen zu können, sondern auch *Gruppen* von Dateien. Dies vereinfacht in vielen Fällen die Arbeit mit Dateien.

Wenn beispielsweise ein Kommando auf eine Gruppe von Dateien angewendet werden soll, muß das Kommando nicht mehrfach für jede einzelne Datei gegeben werden, sondern nur einmal für eine ganze Gruppe von Dateien.

Beispiele 6.3:

Es sollen alle Dateien vom Typ PRN gelöscht werden.
Es sollen die Dateien BSP1, BSP2, BSP3 mit Hilfe eines einzigen Kommandos auf dem Bildschirm ausgegeben werden.
Es sollen alle FORTRAN-Quellprogramme (Typ FOR) kopiert werden.

Dateigruppennamen enthalten im Dateinamen die Dateigruppenzeichen ? und *.

● Das Dateigruppenzeichen „?" steht stellvertretend für <u>ein</u> beliebiges <u>Zeichen</u>, das in Dateinamen erlaubt ist.

Das Dateigruppenzeichen ? bezieht sich somit nur auf ein Zeichen an einer ganz bestimmten Position im Dateinamen. Das Dateigruppenzeichen ? darf mehrfach in einem Dateigruppennamen vorkommen.

● Das Dateigruppenzeichen „*" steht stellvertretend für eine <u>Zeichenfolge</u>.

Vielfach steht der Stern stellvertretend für den gesamten Dateihauptnamen bzw. den gesamten Dateiergänzungsnamen.

Dieses Dateigruppenzeichen ist sehr effektiv, denn es kann viel Arbeit ersparen. Unbedacht verwendet kann es jedoch auch gefährlich sein, z. B. beim Löschen von Dateien. Es ist daher mit Bedacht zu verwenden.

Beispiele 6.4:

Dateigruppen-name	Erläuterung
A?C.?E	Der Dateigruppenname A?C.?E steht z. B. stellvertretend für Dateinamen wie ABC.DE, AAC.EE, ACC.QE usw., d. h. an der Stelle, wo das ?-Zeichen steht, kann jedes beliebige erlaubte andere Zeichen stehen. Aus dieser Vielzahl theoretisch möglicher Dateinamen bleiben praktisch jedoch nur wenige über, die als Dateinamen auf der Diskette auch wirklich vorhanden sind und somit überhaupt angesprochen werden können.
BA??.BAS	Dieser Dateigruppenname könnte z. B. stellvertretend für folgende BASIC-Quellprogrammdateien stehen: BANK, BALD, BAST, BACH usw., nicht jedoch für die Dateien BUCH, BILD o. ä..
TXT?.BAS	Dieser Dateigruppenname könnte stellvertretend für folgende BASIC-Quellprogrammdateien stehen: TXT1, TXT2, TXT3 usw. Man erkennt vielleicht an diesem Beispiel, daß die vorausschauende Wahl eines geeigneten Dateinamens das spätere Arbeiten mit den Dateien vereinfachen kann.

ADD.*	Dieser Dateigruppenname steht stellvertretend für *alle* Dateien mit dem Datei-Hauptnamen ADD.
*.COM	Dieser Dateigruppenname steht stellvertretend für *alle* Dateien mit dem Dateiergänzungsnamen COM, d. h. für alle ausführbaren Dateien im Maschinencode.
.	Dieser Dateigruppenname steht stellvertretend für alle Dateien ohne jegliche Einschränkung.

6.5 Dateinamen mit Laufwerkangabe

Der jeweilige Dateiname bzw. Dateigruppenname bezieht sich immer auf die Dateien im jeweils aktiven, zugeschalteten Laufwerk (vgl. Kap. 5.4). Mit Hilfe der Laufwerkumschaltung (vgl. Kap. 5.4) ist somit ein Zugriff auf alle Dateien in allen Laufwerken möglich. Einfacher ist es jedoch häufig, wenn dem jeweiligen Dateinamen bzw. Dateigruppennamen die Laufwerkangabe, getrennt durch einen Doppelpunkt, vorangestellt wird. Das bezeichnete Laufwerk wird dadurch für die Zeit des Zugriffs aktiviert. Anschließend wird wieder auf das ursprünglich aktivierte Laufwerk zurückgeschaltet.

> **Die allgemeine Form einer solchen Dateiangabe mit Laufwerkbezeichnung wäre:**
>
> Laufwerkangabe:Datei(gruppen)name ↵

Beispiel 6.5

Auf einer Diskette in Laufwerk B sei die Datei ADD.BAS. Nach dem Start des CP/M-Betriebssystems meldet es sich mit dem Bereitschaftszeichen A >, d. h. es ist z. Z. das Laufwerk A aktiv. Man möchte auf die Datei ADD.BAS in Laufwerk B zugreifen. Dies ist ohne Laufwerkumschaltung möglich durch folgende Angabe:

    B: ADD.BAS ↵

Nach dem Drücken der RETURN-Taste wird das Laufwerk B aktiviert.

Zusammen mit einem CP/M-Kommando kann mit dem so ergänzten Dateinamen das gemacht werden, wozu das CP/M-Kommando dient.

Soll z. B. geprüft werden, ob die Datei ADD.BAS wirklich auf der Diskette in Laufwerk B enthalten ist, gibt man folgendes Kommando ein:

    DIR B:ADD.BAS ↵

Wenn die Datei vorhanden ist, erscheint folgende Angabe auf dem Sichtschirm:

    B: ADD.BAS.

Nach Abschluß des Zugriffs meldet sich wieder das Laufwerk A bereit mit dem Bereitschaftszeichen A >.

6.6 Zusammenfassung

Ein CP/M-Dateiname besteht aus einem Dateihauptnamen und einem Dateiergänzungsnamen, getrennt durch einen Punkt. Somit ist die allgemeine Form eines CP/M-Dateinamens.

> Dateihauptname.Dateiergänzungsname

- Der *Dateihauptname* besteht aus höchstens 8 beliebigen Zeichen mit Ausnahme weniger Sonderzeichen (vgl. 6.2). Er dient zur Kennzeichnung und Unterscheidung der Dateien.
- Der *Dateiergänzungsname* besteht aus höchstens 3 beliebigen Zeichen mit Ausnahme weniger Sonderzeichen (vgl. 6.3).

Der Dateiergänzungsname dient dazu, den Dateityp näher zu beschreiben.

Die Angabe des Dateiergänzungsnamens ist nur in wenigen Fällen unbedingt erforderlich.

Einige Dateiergänzungsnamen sind für bestimmte Dateitypen fest vergeben, wie z. B.:

BAS	BASIC-Quellprogramme
FOR	FORTRAN-Quellprogramme
ASM	Assembler-Quellprogramme
BAK	Sicherungsdateien
$$$	Zwischendateien
LIB	Bibliotheksdateien
REL	Übersetzte Quellprogramme
COM	Ablauffähige Objektprogramme
PRN	Druckdateien

Zur Anwendung von CP/M-Kommandos auf eine bestimmte Gruppe von Dateien können Dateigruppennamen verwendet werden. Dateigruppennamen enthalten die Zeichen ? und *.

- Das *Dateigruppenzeichen ?* steht stellvertretend für ein beliebiges Zeichen im Dateinamen.
- Das *Dateigruppenzeichen* * steht stellvertretend für eine ganze Zeichenfolge.

Möchte man auf eine Datei zugreifen, die sich auf einem z. Z. nicht aktiven Laufwerk befindet, so ist dem Dateinamen die Laufwerksangabe wie folgt voranzustellen:

> Laufwerksangabe:Datei(gruppen)name

Nach Abschluß des Zugriffs ist jedoch wieder das ursprüngliche Laufwerk aktiv.

6.7 Übungsaufgaben

Die Lösungen der folgenden Übungsaufgaben befinden sich in Kap. 19.

Aufgabe 6.1

Sind folgende CP/M-Dateinamen erlaubt?

Nr.	Dateiname	ja	nein	Erläuterung
1	WURZEL	○	○	
2	STATIK.BAS	○	○	
3	PLUS!.ABC	○	○	
4	Q?R.*	○	○	
5	REGULIERUNG.FOR	○	○	
6	A<B.TEX	○	○	
7	SUB.$$$	○	○	

Aufgabe 6.2

Welchen Dateiergänzungsnamen besitzen unter CP/M ablauffähige Programme?

Aufgabe 6.3

Das CP/M-System meldet sich mit A > bereit. Es soll anschließend auf dem Laufwerk D die Datei mit dem Namen NEWTON.ASM angesprochen werden. Geben Sie an, wie eine entsprechende Aktivierung des Laufwerkes D zusammen mit dem Dateinamen aussehen muß.

7 Kopieren der CP/M-Betriebssystemdiskette

7.1 Allgemeines

> Eine der ersten Aufgaben des CP/M-Anwenders sollte es sein, Kopien von der
> CP/M-Betriebssystemdiskette zu erstellen.

Dies dient zur Datensicherung. Eine Kopie sollte später im täglichen Gebrauch verwendet
werden. Falls diese dann später verloren geht oder beschädigt wird, kann vom gut verwahr-
tem Original eine neue Kopie erstellt werden. So ist die Arbeitsfähigkeit des Gesamtsystems
von dieser Seite gesichert.

> Das CP/M-Betriebssystem ist selbst keine Datei.

Das CP/M-Betriebssystem ist auf reservierten Spuren der Systemdiskette abgelegt. Daher
muß das CP/M-Betriebssystem Spur für Spur von der Systemdiskette kopiert werden.

> Für diesen Kopiervorgang gibt es ein eigenes, ladbares CP/M-Kommando auf der
> Systemdiskette (CPMCOPY bei der Alphatronic, i. a. SYSGEN o. ä.).

Vielfach ist die Zahl der anzufertigenden Kopien begrenzt.

7.2 Abiauf des Kopiervorgangs

Der Kopiervorgang läuft im Prinzip wie folgt ab:

- Systemdiskette in das Laufwerk A einlegen. Die Schreibschutzkerbe muß überklebt
  sein, d. h. die Diskette muß beschreibbar sein.
- Leere, formatierte (vgl. Kap. 1.2.3) Diskette in das Laufwerk B einlegen. Die Schreib-
  schutzkerbe muß überklebt sein, d. h. die Diskette muß beschreibbar sein.
- CP/M Diskette starten (vgl. Kap. 5.3). Warten, bis das
  CP/M-Bereitschaftszeichen A > auf dem Sichtschirm erscheint.
- Eingabe des Kommandos zum Kopieren des CP/M-Betriebssystems, z. B. durch Eingabe
  von

> CPMCOPY ↵

oder > SYSGEN ↵

o. ä. laut Herstellerhandbuch.

Mit der Betätigung der RETURN-Taste ↵ wird das Kommando ausgeführt.

- Es erscheinen im allgemeinen einige Fragen, z. B.:
  - ob die Systemdiskette im Laufwerk A eingelegt ist,
  - ob eine neue Diskette in Laufwerk B eingelegt ist und dgl..

Derartige Fragen sind mit der RETURN-Taste ↵ zu quittieren, falls alles entsprechend in Ordnung ist. Andernfalls ist noch Zeit, dies nachzuholen.

Am Ende des Kopiervorgangs erscheint eine entsprechende Meldung auf dem Bildschirm. Das CP/M-Bereitschaftszeichen A > wird auf dem Sichtschirm ausgegeben.

● Herausnehmen der Kopie.
● Exakte Beschriftung der Kopie.
● Sorgfältiges Verwahren der Originalsystemdiskette.

Leider ist die genaue Verfahrensweise bei den Mikrocomputern der verschiedenen Hersteller unterschiedlich, so daß nur der prinzipielle Ablauf allgemein geschildert werden kann. Für den speziellen Kopiervorgang müssen die Herstellerhandbücher zu Rate gezogen werden.

7.3 Zusammenfassung

> Eine der ersten Aufgaben des CP/M-Anwenders sollte es sein, Kopien von der CP/M-Betriebssystemdiskette zu erstellen.
>
> Das CP/M-Betriebssystem ist selbst keine Datei.
>
> Zum Kopieren der CP/M-Systemdiskette gibt es ein eigenes ladbares CP/M-Kommando (SYSGEN, CPMCOPY bei der Alphatronic).
>
> Der Kopiervorgang läuft wie folgt ab:
>
> ● Systemdiskette in Laufwerk A einlegen.
> ● Leere, formatierte Diskette in Laufwerk B einlegen.
> ● Kopierkommando eingeben.
> ● Anweisungen des Bildschirms folgen, bis der Kopiervorgang beendet ist.
> ● Kopie herausnehmen und beschriften.
> ● Original gut verwahren.

7.4 Übungsaufgaben

Die Lösungen der folgenden Übungsaufgaben befinden sich in Kap. 19.

Aufgabe 7.1

Kann man das CP/M-Betriebssystem direkt auf eine fabrikneue Diskette kopieren?

Aufgabe 7.2

In welches Laufwerk sollte die Systemdiskette eingelegt werden?

Aufgabe 7.3

In welcher Form ist das eigentliche CP/M-Betriebssystem auf der Systemdiskette gespeichert?

8 Das DIR-Kommando

8.1 Aufgaben des DIR-Kommandos

Das DIR-Kommando ist ein dauerhaft gespeichertes CP/M-Kommando (vgl. Kap. 4.4.1).

> **Das DIR-Kommando hat insbesondere die Aufgabe, überprüfen zu können, ob bestimmte Dateien oder Dateigruppen auf einer Diskette vorhanden sind.**

Dies ist vielfach notwendig, z. B.:
— bei unbekanntem Inhalt einer Diskette,
— um zu prüfen, ob nach einem Löschkommando für bestimmte Dateien diese auch tatsächlich gelöscht wurden,
— ob beim Kopieren von Dateien diese Dateien auch tatsächlich kopiert wurden,
— oder ob eine neu erzeugte Datei tatsächlich auf der Diskette gespeichert wurde usw..

Zu diesem Zweck wird auf der Diskette ein Dateiinhaltsverzeichnis (engl.: <u>dir</u>ectory) angelegt, in dem alle Dateinamen aufgeführt werden, die auf der Diskette enthalten sind.

8.2 Die allgemeine Form des DIR-Kommandos

> **Mit Hilfe des DIR-Kommandos können Dateinamen, die im Dateiinhaltsverzeichnis der Diskette enthalten sind, auf dem Bildschirm ausgegeben werden.**
>
> **Liegt die Diskette, deren Dateiinhaltsverzeichnis ausgegeben werden soll, in einem angemeldeten (aktiven) Laufwerk, so hat das allgemeine DIR-Kommando die Form:**
>
> > DIR␣Dateiname ↵
>
> **Es wird anschließend ausgegeben, ob diese Datei auf der Diskette vorhanden ist oder nicht.**
>
> **Ist die Datei vorhanden, erfolgt die Ausgabe:**
>
> > Laufwerksangabe: Dateiname
>
> **Ist die Datei nicht vorhanden, erfolgt die Ausgabe:**
>
> > NO FILE
>
> **Es kann auch überprüft werden, ob ganze Gruppen von Dateien auf der Diskette vorhanden sind.**
>
> **Das allgemeine Kommando lautet:**
>
> > DIR␣Dateigruppenname ↵
>
> **Möchte man das DIR-Kommando auf Disketten anwenden, die in einem nicht angemeldeten Laufwerk liegen, muß entweder auf das andere Laufwerk umgeschaltet werden (vgl. Kap. 5.4) oder es ist die Laufwerksangabe dem Dateinamen voranzustellen (vgl. Kap. 6.5).**
>
> > DIR␣Laufwerksangabe:Datei(gruppen)name ↵

Beispiele 8.1

Es soll davon ausgegangen werden, daß in Laufwerk A die Systemdiskette und in Laufwerk B eine leere
Diskette liegt. Das Laufwerk A möge aktiv sein. Auf der Systemdiskette mögen die Dateien vorhanden
sein, die am Anfang des Kap. 6.1 angegeben wurden (ladbare CP/M-Kommandos).

Folgende DIR-Kommandos werden eingegeben:

Nr.		Eingabe	Ausgabe auf dem Bildschirm
1	A>	DIR␣PIP.COM ↵	A:PIP COM
2	A>	DIR␣ED ↵	NO FILE
3	A>	DIRSTAT.COM ↵	DIRSTAT.COM?
4	A>	DIR␣*.COM ↵	A:STAT COM : PIP COM : SUBMIT COM : CPMCOPY COM
			A:ED COM
5	A>	DIR ↵	wie Nr. 4
6	A>	DIR␣B:PIP.COM↵	NO FILE
7	A>	DIR␣B: ↵	NO FILE
8	A>		

Erläuterungen:

Zu 1: Es soll geprüft werden, ob die Datei PIP.COM auf der Systemdiskette in Laufwerk A enthalten
ist. Die Bildschirmausgabe bestätigt:

Auf der Diskette in Laufwerk A (gekennzeichnet durch A:) ist die Datei PIP.COM enthalten.
Der Haupt- und der Ergänzungsname wird bei der *Ausgabe* nicht durch einen Punkt getrennt.
Nach der Ausführung des Kommandos zeigt sich das System wieder bereit, neue Kommandos
entgegen zu nehmen (Durch Ausgabe von A >).

Zu 2: Es soll geprüft werden, ob die Datei ED auf der Systemdiskette in Laufwerk A vorhanden ist.
Auf dem Bildschirm erscheint die Meldung: NO FILE, d. h. es existiert keine Datei mit dem angegebenen Dateinamen. Auf der Systemdiskette ist aber der Dateiname ED.COM vorhanden.
Dieses Beispiel zeigt, daß ein vorhandener Dateiergänzungsname auch angegeben werden *muß*,
da sich Dateien im Ergänzungsnamen unterscheiden können.

Zu 3: Es soll geprüft werden, ob die Datei STAT.COM auf der Systemdiskette in Laufwerk A vorhanden ist. Bei der Eingabe wurde jedoch das Leerzeichen zwischen dem DIR-Kommando und dem
Dateinamen nicht eingegeben. Dies hat zur Folge, daß das DIR-Kommando nicht als solches erkannt wird. Die Eingabe wird, mit einem Fragezeichen versehen, wieder ausgegeben.

Zu 4: Es sollen *alle* Dateien (Gruppenzeichen *) mit dem Dateiergänzungsnamen COM aufgelistet
werden. Dies sind in diesem Falle alle ladbaren CP/M-Kommandos (vgl. Kap. 4.4.2 und 6.1).

Zu 5: Mit Hilfe dieser Kurzform können *alle* Dateien von der Diskette in Laufwerk A (da das Bereitschaftszeichen A > ist) auf dem Bildschirm aufgelistet werden. Es kann in diesem Fall auf die
Dateigruppenbezeichnung *.* verzichtet werden.

Zu 6: Durch Voranstellen der Laufwerksangabe vor den Datei(gruppen)namen, getrennt durch einen
Doppelpunkt, können auch die Inhaltsverzeichnisse von Disketten in anderen Laufwerken nach
bestimmten Dateien oder Dateigruppen durchsucht und angezeigt werden, ohne daß zuvor extra
das zugehörige Laufwerk aktiv geschaltet werden muß (vgl. Kap. 5.4 und 6.5). In diesem Falle
liegt jedoch im Laufwerk B eine leere Diskette, so daß hier die Meldung NO FILE ausgegeben
wird. Hätte auch in Laufwerk B eine Systemdiskette gelegen, so wäre B:PIP COM ausgegeben
worden. Nach der Ausführung ist das Laufwerk B nicht mehr aktiv. Es wird auf das ursprünglich
aktive Laufwerk A umgeschaltet (Meldung A >).

Zu 7: Um alle Dateien auszugeben, die auf der Diskette in Laufwerk B gespeichert sind, muß dieses
Kommando eingegeben werden (auf den Dateigruppennamen *.* kann man verzichten!). Aus
den unter Pkt. 6 angegebenen Gründen wird jedoch in diesem Fall ebenfalls NO FILE ausgegeben.

8.3 Zusammenfassung

<table>
<tr><td colspan="2">Die allgemeine Form des DIR-Kommandos ist</td></tr>
<tr><td></td><td>DIR␣Laufwerksangabe:Dateiname</td></tr>
<tr><td>bzw.</td><td>DIR␣Laufwerksangabe.Dateigruppenname</td></tr>
</table>

Es wird im Dateiinhaltsverzeichnis (directory) der Disketten überprüft, ob der angegebene Dateiname oder -gruppenname auf der Diskette enthalten ist. Ist dies der Fall, wird der Name bzw. die Namensgruppe auf dem Bildschirm ausgegeben. Außerdem wird das Laufwerk angegeben, in dem diese Diskette liegt.

Die Laufwerksangabe kann zusammen mit dem trennenden Doppelpunkt entfallen. Dann werden die Dateien auf der Diskette gesucht, die im jeweils angemeldeten Laufwerk liegt. Das jeweils angemeldete Laufwerk ist stets aus dem auf dem Sichtschirm ausgegebenen Bereitschaftszeichen zu ersehen (A>, B> usw.).

Es kann weiterhin der Dateigruppenname *.* entfallen, wenn *alle* Dateien aufgelistet werden sollen, die auf der Diskette gespeichert sind.

8.4 Übungsaufgaben

Die Lösungen der folgenden Übungsaufgaben befinden sich in Kap. 19.

Aufgabe 8.1

Eine Diskette enthalte die Dateien L8Ø.COM, F8Ø.COM, BSP1.BAS, BSP2.BAS und BSP3.BAS. Was wird bei folgenden Kommandos ausgegeben?

Nr.	Laufwerk	Kommando	Ausgabe
1	A>	DIR␣?8Ø.COM	
2	A>	DIR␣L??.COM	
3	A>	DIR␣BSP?.BAS	
4	A>	DIR␣BSP1.*	
5	A>	DIR␣*.COM	
6	A>	DIR␣BSP4.*	
7	A>	DIR␣*.BAS	

9 Das STAT-Kommando

Das STAT-Kommando ist ein von der Systemdiskette ladbares CP/M-Kommando. Mit Hilfe dieses Kommandos kann der Zustand (Status) des Systems angezeigt werden.

Hierzu gehört u. a.

- die Ermittlung des freien Speicherplatzes auf den Disketten,
- die Ermittlung des Speicherplatzbedarfs einzelner Dateien bzw. Dateigruppen auf den Disketten,
- die Anzeige der jeweiligen Gerätezuordnung,
- die Möglichkeit der Zuordnung von Geräten,
- die Ausgabe der Laufwerkscharaksterstiken.

9.1 Ermittlung des freien Speicherplatzes auf den Disketten

> **Die allgemeine Form des STAT-Kommandos zur Ermittlung des freien Speicher-
> platzes auf allen Disketten in allen Laufwerken, d. h. nicht nur im jeweils ange-
> meldeten Laufwerk, ist:**
>
> > **STAT ↵**
>
> **Soll nur von einer Diskette der freie Speicherplatz ermittelt werden, so ist das ge-
> wünschte Laufwerk wie folgt mit anzugeben:**
>
> > **STAT␣Laufwerksangabe: ↵**

Beispiel 9.1

Es wird wieder davon ausgegangen, daß in Laufwerk A die Systemdiskette liegt und in Laufwerk B eine leere Diskette. Folgende Kommandos werden eingegeben:

Nr.		Eingabe	Ausgabe auf dem Bildschirm
1	A >	STAT ↵	A:R/W, Space:50K B:R/W, Space:150K
2	A >	STAT A: ↵	Bytes Remaining on A:50K
3	A >	STAT B: ↵	Bytes Remaining on B:150K
4	A >	B: ↵	
5	B >	STAT ↵	STAT?
6	B >	A: ↵	
7	A >	STATB ↵	STATB?

Erläuterung:

Zu 1:	Gibt man das Kommando STAT ⏎ ein, so wird der freie Speicherplatz aller Disketten in allen vorhandenen Laufwerken wie folgt bestimmt: — Für jedes Laufwerk wird eine Ausgabezeile reserviert. — Zunächst erfolgt die Laufwerksangabe A: (bzw. B: usw. bei weiteren Laufwerken). — Darauf folgt eine Zustandsangabe über die Disketten. Es gibt zwei Möglichkeiten: R/W Read/Write = Lesen/Schreiben, d. h. die Diskette kann sowohl gelesen als auch beschrieben werden. R/O Read only = nur lesen, d. h. von der Diskette können nur Daten gelesen werden. (Schreibschutzkerbe nicht überklebt. Eine andere Möglichkeit, ein Laufwerk dazu zu bringen, daß nur Daten gelesen werden können, wird in Kap. 9.6 beschrieben). — Dann folgt die Ausgabe des freien Speicherplatzes (engl.: space) in KByte (1 Byte = 8bit, 1 KByte=2^{10} Byte=1024 Byte)
Zu 2 und 3:	Möchte man nur den freien Speicherplatz auf *einzelnen* Disketten erfahren, so muß die Laufwerksangabe, durch ein Leerzeichen vom STAT-Kommando getrennt, angegeben werden. Die Laufwerksangabe ist durch einen Doppelpunkt abzuschließen. Die Ausgabe lautet z. B.: Bytes remaining on A:50K d. h. „Verbleibende Bytes auf der Diskette im Laufwerk A: 50 KByte" Über den Zustand (R/W bzw. R/O) wird keinerlei Angabe gemacht.
Zu 4, 5 u. 6:	Schaltet man von Laufwerk A (Systemlaufwerk) auf Laufwerk B um und gibt dann ein STAT-Kommando ein, so kann das Kommando nicht interpretiert und daher auch nicht ausgeführt werden (Was eingegeben wurde, wird, mit einem Fragezeichen versehen, wieder ausgegeben, z. B. STAT?. Auf diese Weise wird auf die fehlerhafte Eingabe hingewiesen und zur Neueingabe aufgefordert). Der Fehler in der Kommandoeingabe liegt in diesem Fall darin, daß zur Anwendung des STAT-Kommandos das Systemlaufwerk aktiv sein muß.
Zu 7:	Fehlerhafte Eingabe. Die Trennung durch ein Leerzeichen fehlt. Das Kommando kann nicht richtig interpretiert werden.

9.2 Ermittlung des Speicherplatzbedarfs einzelner Dateien bzw. Dateigruppen auf Disketten

In Kapitel 9.1 wurde der freie Speicherplatz auf Disketten ermittelt. Der umgekehrte Fall soll in diesem Kapitel besprochen werden.

Die allgemeine Form zur Ermittlung des Speicherplatzbedarfs <u>von Dateien</u> ist: STAT Laufwerksangabe:Datei(gruppen)name ⏎ **Wird keine Laufwerksangabe gemacht, so wird die Datei auf dem z.Z. aktiven (angemeldeten) Laufwerk gesucht.**

Beispiele 9.2

Es wird davon ausgegangen, daß in Laufwerk A die Systemdiskette liegt und in Laufwerk B eine leere
Diskette. Folgende Kommandos werden eingegeben:

Nr.		Eingabe	Ausgabe auf dem Bildschirm
1	A>	STAT␣PIP.COM ↵	Recs Bytes Ext Acc 58 8K 1 R/WA:PIP.COM
2	A>	STAT␣SUBMIT.COM ↵	Recs Bytes Ext Acc 14 2K 1 R/WA:SUBMIT.COM
3	A>	STAT␣CPMCOPY.COM ↵	Recs Bytes Ext Acc 32 4K 1 R/WA:CPMCOPY.COM
4	A>	STAT␣ED.COM ↵	Recs Bytes Ext Acc 52 7K 1 R/WA:ED.COM
5	A>	STAT␣STAT.COM ↵	Recs Bytes Ext Acc 40 5K 1 R/WA:STAT.COM

In allen Fällen wird in einer dritten Zeile noch angegeben:

Bytes Remaining On A:50K

d. h. es wird außerdem der freie Speicherplatz auf der Diskette in Laufwerk A angegeben (z. B. 50K-
Byte).

Die Angaben, die auf dem Bildschirm ausgegeben werden, bedeuten:

Abkürzung	Bedeutung
Recs	Kurzform für engl. record (Satz) Ein record ist ein CP/M-Datensatz von 128 Byte. Dies ist die Speicherkapazität eines Sektors auf der Diskette (vgl. Kap. 1.2.3). Dies ist die kleinste Speichereinheit auf einer Diskette, die beschrieben bzw. gelesen werden kann. Die Zahl unter ,,Recs" gibt die Zahl der Sektoren an, die von der in der gleichen Zeile hinten angegebenen Datei belegt werden.
Bytes	1*Byte* = 8bit (1bit = 1binary digit = Binärziffer d. h. eine Ziffer, die nur 2 Werte aufweisen kann, z. B. $\emptyset$ und 1). 1KByte = 1024 Byte. Unter dem Wort ,,Bytes" werden die Bytes in KByte angegeben, die von der angesprochenen Datei belegt werden. Dies hätte man auch selbst aus den ,,records" errechnen können. Dies sei am Beispiel der Datei PIP.COM. demonstriert: 58 recs * 128 Byte = 7424 Byte Möchte man dies in KByte ausdrücken, so muß man diese Zahl durch 1024 teilen, denn 1KByte hat 1024 Byte. 7424 Byte/1024 = 7,25KByte Durch ,,Aufrundung" erhält man die angegebenen 8KByte.
Ext	Kurzform für engl. extent (16K-Block) Ein *einfacher CP/M-Block* besteht aus 8 Sätzen (records), d. h. aus 8 * 128 Byte = 1024 Byte = 1 KByte.

	Ein *erweiterter CP/M-Block* besteht aus 16 einfachen CP/M-Blökken, d. h. er belegt 16 KByte auf der Diskette.
	Unter „Ext" wird somit vom Mikrocomputer ausgegeben, aus wieviel erweiterten CP/M-Blöcken die untersuchte Datei besteht.
	Da in den aufgeführten Beispielen alle Dateien weniger als 16 KByte Speicherplatz benötigen, wird für jede Datei mindestens ein erweiterter CP/M-Block benötigt.
	Zusammengehörende 16K-Blöcke müssen nicht physikalisch aufeinanderfolgen. Sie werden über Adressen verkettet.
Acc	Kurzform für engl. access (engl. Zugang, Zugriff).
	Unter diesem Begriff wird die Zugriffs-(Zugangs-)möglichkeit zu der auf der Diskette gespeicherten Datei ausgegeben.
	R/W A: Dateiname bedeutet, daß die Datei mit dem angegebenen Dateinamen auf der Diskette in Laufwerk A *gelesen* und *beschrieben* werden kann (READ/WRITE).
	R/O A: Dateiname bedeutet, daß die Datei mit dem angegebenen Dateinamen auf der Diskette in Laufwerk A *nur gelesen* werden kann (READ ONLY).

Aus Kap. 9.1 war zu entnehmen, daß eine *leere Diskette* 150 KByte Speicherkapazität aufweist.

Aus Kapitel 1.2.3 war zu entnehmen, daß die Diskette 160 KByte Speicherkapazität aufweist. Die Differenz ergibt sich, da bekanntlich zwei Spuren nicht genutzt werden können, da diese für das CP/M-Betriebssystem reserviert sind.

Rechnet man die benötigte Speicherkapazität der Dateien auf der belegten Diskette in Beispiel 9.2 zusammen, so erhält man 26 KByte, d. h. es müßte eigentlich 124 KByte freie Speicherkapazität auf der Diskette vorhanden sein. Dies ist jedoch nicht der Fall, da auf dieser Systemdiskette noch andere Dateien vorhanden sind. Einen gesamten Überblick erhält man wie folgt:

Beispiel 9.3

Nr.		Eingabe	Ausgabe auf dem Bildschirm			
6	A >	STAT *.*	Recs	Bytes	Ext	Acc
			32	4 K	1	R/WA:CPMCOPY.COM
			52	7 K	1	R/WA:ED.COM
			214	27 K	2	R/WA:F8∅.COM
			2∅5	26 K	2	R/WA:FORLIB.REL
			84	11 K	1	R/WA:L8∅.COM
			58	8 K	1	R/WA:PIP.COM
			4∅	5 K	1	R/WA:STAT.COM
			14	2 K	1	R/WA:SUBMIT.COM
			∅	∅ K	1	R/WA:TEXT.BAK
			5∅	7 K	1	R/WA:TEXT.COM
			1	1 K	1	R/WA:TEXT.FOR
			1	1 K	1	R/WA:TEXT.REL
			Bytes Remaining On A:50 K			

Betrachtet man die Liste, so fallen einem die Dateien

F8Ø.COM

FORLIB.REL

L8Ø.COM

wegen des hohen Speicherplatzbedarfs auf.

- Die Datei F8Ø ist ein FORTRAN Compiler (FORTRAN-Übersetzer).
- Die Datei FORLIB ist die zugehörige FORTRAN-LIBRARY (FORTRAN-Bibliothek).
- Die Datei L8Ø ist der zugehörige Loader und Linker (Lader und Binder).

Man kann auch von kleineren Dateigruppen den Speicherbedarf ausgeben lassen.

Beispiel 9.4

Nr.		Eingabe	Ausgabe auf dem Bildschirm
7	A >	STAT ?8Ø.*	Recs Bytes Ext Acc 214 27 K 2 R/WA:F8Ø.COM 84 11 K 1 R/WA:L8Ø.COM

9.3 Anzeige der jeweiligen Gerätezuordnungsmöglichkeiten

Mit Hilfe des folgenden STAT-Kommandos kann sich der Anwender auf dem Sicht-schirm auflisten lassen, welche physikalischen Geräte bestimmten logischen Ge-rätenamen zugeordnet werden können:

STAT␣VAL: ↵

Nach einer mehrzeiligen Anzeige über die möglichen STAT-Kommandos (in der CP/M-Version 2.2) wird folgende Liste ausgegeben:

```
CON:   =   TTY:    CRT:    BAT:    UC1:
RDR:   =   TTY.    PTR:    UR1:    UR2:
PUN:   =   TTY:    PTP:    UP1:    UP2:
LST:   =   TTY:    CRT:    LPT:    UL1:
```

Die logischen Gerätenamen (logical device name) sind:

CON	Konsole (engl. <u>con</u>sole); Terminal, das eine Eingabetastatur und einen Bild-schirm zur Ausgabe besitzt (Ein- und Ausgabe soll möglich sein).
RDR	Lesegerät (engl. <u>read</u>er), d. h. ein Gerät, von dem nur Eingaben möglich sind.
PUN	Stanzgerät (engl. <u>pun</u>cher), d. h. ein Gerät, daß nur Ausgaben in gestanzter Form ermöglicht. (z. B. Lochkartenstanzer, Lochstreifenstanzer).
LST	Drucker (engl. <u>list</u>), d. h. ein Gerät, das nur Ausgaben in gedruckter Form ermöglicht.

Die physikalischen Geräte (physical device), die diesen logischen Gerätenamen zugeordnet werden können, zeigen folgende Listen:

- Der Konsole CON können folgende physikalische Geräte zugeordnet werden:

TTY	(Teletype = Art Fernschreiber) allg.: Ein- und Ausgabe mit langsamer Übertragungsgeschwindigkeit.
CRT	(Cathode Ray Tube = Bildschirm) allg.: Ein- und Ausgabe mit hoher Übertragungsgeschwindigkeit.
BAT	(Batch = Stapelverarbeitung) allg.: Die Konsole ist das Lesegerät und die Ausgabe erfolgt zum festgelegten Druckgerät.
UC1	(User console 1) Vom Benutzer definierte Konsole.

- Dem logischen Lesegerät RDR können folgende physikalischen Geräte zugeordnet werden:

TTY	Fernschreiber
PTR	(paper tape reader) Lochstreifen- oder Lochkartenleser.
UR1 UR2	(user reader 1) (user reader 2) } Vom Benutzer definierte Leser.

- Dem logischen Stanzgerät PUN können folgende physikalischen Geräte zugeordnet werden:

TTY	Fernschreiber.
PTP	(paper tape puncher) Lochstreifen- oder Lochkartenstanzer.
UP1 UP2	(user puncher 1) (user puncher 2) } Vom Benutzer definierte Stanzer

- Dem logischen Druckgerät LST können folgende physikalischen Geräte zugeordnet werden:

TTY	Fernschreiber.
CRT	Bildschirm.
LPT	(line printer) Zeilendrucker.
UL1	(user lister 1) Vom Benutzer definiertes Druckgerät.

9.4 Anzeige der aktuellen Gerätezuordnung

Mit dem vorhergehenden Befehl konnten die *möglichen* Zuordnungen ausgegeben werden. Es interessiert natürlich auch, welche physikalischen Geräte *tatsächlich* den logischen Einheiten zugeordnet sind.

> **Mit Hilfe des folgenden STAT Kommandos kann sich der Anwender die aktuelle Gerätezuordnung ausgeben lassen:**
>
> > STAT␣DEV: ↵

Beispiel 9.5

Bereitschaftsmeldung: A >
Kommandoeingabe: STAT DEV: ↵
Ausgabe: CON: is TTY
                     RDR: is TTY
                     PUN: is TTY
                     LST: is TTY

9.5 Änderung der aktuellen Gerätezuordnung

> **Möchte man den logischen Geräten andere physikalische Geräte zuordnen, so muß folgendes STAT-Kommando benutzt werden:**
>
> > **STAT logischer Gerätename := physikalisches Gerät:**
>
> **Sollen mehrere Zuordnungen geändert werden, so können diese Zuordnungen, durch Kommas getrennt, aufgelistet werden.**

Beispiel 9.6

Es soll die Zuordnung des Beispiels 9.5 in Kap. 9.4 wie folgt geändert werden:

Eingabe	A > STAT CON:=CRT:, LST:=LPT: ↵ A > STAT DEV: ↵
Ausgabe	CON: is CRT RDR: is TTY PUN: is TTY LST: is LPT

Bei falschen Eingaben wird die Fehlermeldung

„Invalid Assignment",

d. h. „Ungültige Zuordnung" ausgegeben.

Nur durch eine erneute Änderung der Zuordnung oder durch einen Kaltstart (z. B. Ausschalten des Gerätes) wird die ursprüngliche Zuordnung, d. h. der Zustand vor der Änderung wieder hergestellt.

9.6 Änderung des Schreib/Lesezustandes von Disketten in einen Nur-Lesezustand

> **Das folgende STAT-Kommando ermöglicht es, daß von einem Laufwerk, von dem gelesen und geschrieben werden konnte (Read/Write), nur noch Daten gelesen werden können (Read only).**
>
> > **STAT␣Laufwerksangabe := R/O ↵**

Dies stellt im Prinzip einen *Schreibschutz* für die betreffende Diskette dar, denn von der Diskette kann nur etwas gelesen werden. Versucht der Anwender auf eine derart schreibgeschützte Diskette etwas zu schreiben, so erscheint die Fehlermeldung (error):

BDOS ERR ON Laufwerksname: R/O

Dieser Schreibschutz kann mit Hilfe eines Warm- bzw. Kaltstarts wieder rückgängig gemacht werden.

Beispiel 9.7

Nr.		Eingabe	Ausgabe
1	A >	STAT␣ED.COM ↵	Recs Bytes Ext Acc 52 7 K 1 R/W A:ED.COM Bytes Remaining On A:50 K
2	A >	STAT␣A:=R/O ↵	A:R/O, Space: 50 K
3	A >	ERA␣ED.COM ↵	BDOS ERR ON A:R/O

Mit dem *ersten* Kommando wird gezeigt, daß die Datei ED.COM vorhanden ist und diese Datei gelesen und beschrieben werden kann (Acc:R/W).

Mit Hilfe des *zweiten* Kommandos wird das Laufwerk A, das z. Z. aktiv ist, in den nur lesbaren Zustand überführt (R/O).

Mit dem *dritten* Kommando, das die Datei ED.COM löschen soll, (vgl. Kap. 4.4.1 und 14), wird gezeigt, daß die Diskette nun schreibgeschützt ist, denn das Lösch-Kommando wird mit einer Fehlermeldung abgewiesen.

9.7 Ausgabe der Laufwerkscharakteristiken

> **Mit Hilfe des folgenden Kommandos werden die Laufwerkscharakteristiken ausgegeben:**
>
> **STAT␣ DSK: ↵**

Gibt man das obige Kommando ein, so ergibt sich z. B. folgende Ausgabe:

Ausgabe	Übersetzung
A: Drive Characteristics	Laufwerkscharakteristiken des Laufwerks A.
1216 : 128 Byte Record Capacity	Es gibt 1216 Sätze zu je 128 Byte.
152 : Kilobyte Drive Capacity	Das Laufwerk hat eine Kapazität von 152 KByte.
64 : 32 Byte Directory Entries	Es gibt 64 Directoryeintragungen mit jeweils 32 Byte.
64 : Checked Directory Entries	Es gibt 64 geprüfte Directoryeintragungen mit jeweils 32 Byte.
128 : Records/Extent	Es gibt 128 Sätze pro Extent (zusammenges. Block).
8 : Records/Block	Es gibt 8 Sätze pro Block.
32 : Sectors/Track	Es gibt 32 Sektoren pro Spur.
2 : Reserved Tracks	Es gibt 2 reservierte Spuren.

Es gibt noch eine Reihe weiterer STAT-Kommandos (Version 2.2). Diese sollten jedoch dem Herstellerhandbuch entnommen werden, da dies den Rahmen dieses Buches, das eine Einführung geben soll, sprengen würde. Außerdem würde der Überblick durch die Vielfalt der Möglichkeiten am Anfang getrübt.

Eine Konzentrierung auf das Wesentliche ist am Anfang i. a. hilfreicher.

9.8 Zusammenfassung

Das STAT-Kommando hat folgende Aufgaben:

1. Ermittlung des freien Speicherplatzes auf Disketten mit Hilfe des Kommandos:

   > STATˍLaufwerksangabe:

   Die Laufwerksangabe kann entfallen, wenn von allen Disketten in allen Laufwerken der freie Speicherplatz ermittelt werden soll.

2. Ermittlung des Speicherplatzbedarfs einzelner Dateien bzw. Dateigruppen auf Disketten:

   > STATˍLaufwerksangabe: Datei(gruppen)name

   Wird keine Laufwerksangabe gemacht, wird die Datei auf dem z. Z. aktiven Laufwerk gesucht.

   Es werden folgende Daten über die einzelnen Dateien auf dem Sichtschirm ausgegeben:

   - Benötigte Zahl der 'records' (Sätze zu je 128 Byte).
   - Benötigte Zahl der 'Bytes' in KByte.
   - Benötigte Zahl der 'extents' (Blöcke zu je 16 KByte).
   - Zugriffsmöglichkeit zur Datei (Schreiben und Lesen bzw. nur Lesen).
   - Name der Datei.

3. Anzeige der Gerätezuordnungsmöglichkeiten

   Mit Hilfe des Kommandos

   > STATˍVAL:

   kann sich der Anwender auf dem Sichtschirm auflisten lassen, welche physikalischen Geräte (Fernschreiber, Bildschirm und dgl.) bestimmten logischen Gerätenamen (Lesegerät, Konsole und dgl.) zugeordnet werden können.

4. Anzeige der aktuellen Gerätezuordnung mit Hilfe des Kommandos

   > STATˍDEV:

5. Änderung der aktuellen Gerätezuordnung mit Hilfe des Kommandos

   > STATˍlogischer Gerätename. = physikalisches Gerät:

   Sind mehrere Zuordnungen zu ändern, so sind die Zuordnungen, durch Kommas getrennt, aufzulisten.

6. Änderung des Schreib/Lesezustandes (R/W) von Disketten in einen Nur-Lese-Zustand (R/O) mit Hilfe des Kommandos:

   > STATˍLaufwerksangabe: = R/O

   Dieser Schreibschutz wird durch einen neuen Start des CP/M-Betriebssystems wieder rückgängig gemacht.

7. Mit Hilfe des Kommandos

   > STATˍDSK:

   werden die Laufwerkscharakteristiken ausgegeben.

9.9 Übungsaufgaben

Die Lösungen der folgenden Übungsaufgaben befinden sich in Kap. 19.

Aufgabe 9.1

Sie wollen sich über die freie Speicherkapazität der Diskette in Laufwerk B informieren. Welches Kommando geben sie ein?

Aufgabe 9.2

Sie möchten gerne wissen, wieviel KByte Speicherplatz ihr Anwenderprogramm TEXT.BAS auf der Diskette in Laufwerk B benötigt. Mit welchem Kommando können sie diese Information erhalten?

Aufgabe 9.3

Was verstehen Sie unter einem

a) record

b) extent

auf einer CP/M-Diskette?

Aufgabe 9.4

Was bewirkt folgendes Kommando?

    STAT␣B: = W/O ↵

Aufgabe 9.5

Welche Angaben erwarten sie nach der Eingabe des folgenden Kommandos?

    STAT␣DSK: ↵

10 Das ED-Kommando

Der Editor ist einer der wichtigsten Bestandteile des CP/M-Betriebssystems.

> **Mit Hilfe des Editors können**
> - **Dateien neu erstellt werden und**
> - **Dateien geändert werden.**

Dazu dienen verschiedene Editor-Befehle[1]).

Die zu erstellenden bzw. zu ändernden Dateien sind beliebige *Text*dateien, d. h. sie sind Folgen von ASCII-Zeichen (vgl. Kap. 1.2.1) wie z. B.: Briefe, Rechnungen, Programme usw.. Derartige Textdateien werden vom Anwender erstellt. Sie müssen aber auch, z. B. bei inhaltlichen Fehlern, verändert werden können.

Der Editor ist mit Hilfe des *ED-Kommandos* von der Systemdiskette in den Arbeitsspeicher des Mikrocomputers ladbar. Er befindet sich unter dem Dateinamen ED.COM als ausführbares Programm auf der Systemkette. Mit Hilfe des DIR-Kommandos (vgl. Kap. 8) kann überprüft werden, ob der Editor tatsächlich auf der Systemdiskette vorhanden ist. Dann kann der Editor auch aufgerufen und in den Arbeitsspeicher geladen werden.

10.1 Aufruf des Editors

10.1.1 Aufruf des Editors von der Systemdiskette in Laufwerk A

Bevor der Editor benutzt werden kann, muß er von der Systemdiskette in den Arbeitsspeicher des Mikrocomputers geladen werden. Dazu legt man die Systemdiskette in das Systemlaufwerk A. Ist das CP/M-Betriebssystem noch nicht bereit, muß zunächst das CP/M-Betriebssystem gestartet werden (vgl. 5.3), d.h. es ist die Ausgabe des Systembreitschaftszeichens A > abzuwarten.

> **Der Editor wird mit folgendem ED-Kommando aufgerufen und in den Arbeits-**
> **speicher des Mikrocomputers geladen:**
>
> > ED␣Dateiname ↵

Der Dateiergänzungsname COM zum Dateihauptnamen ED darf nicht eingegeben werden. Versucht man den Editor mit Hilfe von

ED.COM␣Dateiname ↵

aufzurufen, so erfolgt die Ausgabe der Fehlermeldung:

    ED.COM?

---

[1]) *Befehle* sollen hier als Teilmenge der jeweiligen *Kommandos* verstanden werden.

zum Zeichen, daß das Kommando ED.COM nicht bekannt ist und somit auch nicht ausgeführt werden kann. Es kann daraufhin sofort wieder versucht werden, den Editor aufzurufen.

Vergißt man das Leerzeichen zwischen ED und dem Dateinamen, so wird die Fehlermeldung

ED Dateiname?

ausgegeben, um anzuzeigen, daß ein formal falsches Kommando eingegeben wurde.

Wird kein Dateiname nach dem Schlüsselwort ED angegeben, so erfolgt die Ausgabe der Fehlermeldung

Disk or Directory full,

d. h. Diskette oder Inhaltsverzeichnis voll. Die Eingabe eines Dateinamens ist somit notwendig.

Bei richtigem Aufruf des Editors leuchtet die Lampe des Laufwerkes A auf (Systemlaufwerk) und zeigt damit den Ladevorgang von der Diskette zum Arbeitsspeicher an. Ist der Ladevorgang beendet, erlöscht die Lampe.

> **Der Editor zeigt seine Bereitschaft zum Editieren mit dem Editor-Bereitschaftszeichen (editor's prompt)**
>
> : *
>
> **an.**

Der Editor wurde somit in den Arbeitsspeicher geladen und gestartet.

Der Editor wartet nun auf die Eingabe eines Editor-Befehls.

10.1.2 Aufruf des Editors von der Systemdiskette in Laufwerk B

Liegt die Systemdiskette nicht im Systemlaufwerk A, sondern fälschlicherweise im Laufwerk B, so wird beim Aufruf des Editors in der vorher geschilderten Weise (Kap. 10.1.1) die Fehlermeldung

Bdos Err On A: Bad Sector

ausgegeben.

Wird eine beliebige Zeichentaste gedrückt, erscheint wieder das CP/M-Systembereitschaftszeichen A>.

Es ist aber auch möglich, den Editor von Laufwerk B aufzurufen, wenn das Laufwerk B bereit ist, d. h. es muß von Laufwerk A zu Laufwerk B umgeschaltet werden (vgl. Kap. 5.4), so daß das Systembereitschaftszeichen

B>

auf dem Bildschirm erscheint. Dies ist aber nicht üblich.

10.2 Erzeugen von neuen Dateien

10.2.1 Einrichten neuer Dateien

> **Wenn Daten in eine neu eingerichtete Datei eingegeben werden sollen, so ist der Dateiname im ED-Kommando**
>
> **ED␣Dateiname ↵**
>
> **gleichzeitig der Name der neu zu erzeugenden Datei.**

Der Dateiname kann allein aus dem Dateihauptnamen bestehen. Zweckmäßig ist es jedoch, einen Ergänzungsnamen hinzuzufügen (vgl. Kap. 6.3).

Der Editor richtet eine neue, *noch leere Quelldatei* mit dem angegebenen Dateinamen ein und eröffnet sie. Dem Anwender wird dies durch folgende Bildschirmausgabe mitgeteilt:

```
NEW FILE        (neue Datei)
   :*           (Bereitschaftszeichen des Editors)
```

Außerdem richtet der EDITOR automatisch eine *Hilfsdatei* zum Zwischenspeichern der Eingaben mit dem Dateinamen

Dateihauptname.$$$

ein.

Beispiel 10.1

Im Laufwerk A möge die Systemdiskette liegen und das CP/M-System ist gestartet.

Bereitschafts-zeichen	Eingabe	Ausgabe
A >	ED␣BSP.TXT ↵	NEW FILE :*
	Abbruch (z. B. aus-schalten und an-schließender Neu-start)	
A >	DIR ↵	Ausgabe des Inhalbsverzeichnisses. Es erscheint hier die Liste der be-kannten CP/M-Dateien, die standardmäßig auf der Systemdiskette sind, sowie zu-sätzlich die vom Anwender eingerichteten Dateien BSP.TXT und BSP.$$$.

Dieses Beispiel zeigt, daß vom Editor aufgrund des ED-Kommandos auf der Systemdiskette die neuen Dateien BSP.TXT und BSP.$$$ eingerichtet wurden. Sie sind allerdings noch leer, da noch keine weiteren Eingaben erfolgten. Dies läßt sich z. B. mit dem STAT-Kommando überprüfen:

Beispiel 10.2:

Systembereit-schaftszeichen	Eingabe	Ausgabe			
A >	STAT␣BSP.*↵	Recs	Bytes	Ext	Acc
		Ø	Ø K	1	R/WA:BSP.$$$
		Ø	Ø K	1	R/WA:BSP.TXT

Dieses Beispiel zeigt, daß die benötigte Speicherkapazität der beiden Dateien BSP.TXT und BSP.$$$ Ø Byte ist, d. h. die Dateien sind leer.

Nachteilig ist an diesem Beispiel, daß die neu einzurichtenden Dateien auf der Systemdiskette eingerichtet werden, da diese wegen der ladbaren Systemkommandos vielfach nicht mehr ausreichend Speicherkapazität besitzen. Günstiger wäre es vielfach, wenn die mit Hilfe des Editors erzeugten neuen Dateien auf einer reinen Anwenderdiskette im Laufwerk B gespeichert würden, während die Systemdiskette in Laufwerk A liegt.

Dies ist auch möglich, wenn dem Dateinamen eine entsprechende Laufwerksangabe vorangestellt wird. Die allgemeine Form dafür ist:

> **ED   Laufwerksangabe:Dateiname ↵**

Beispiel 10.3

Systembereit-schaftszeichen	Eingabe	Ausgabe
A>	ED␣B:BSP.TXT↵	NEW FILE :*
A >	Abbruch und Neustart	Meldung des CP/M-Systems
A >	DIR↵	Inhaltsverzeichnis der CP/M-Dateien von der System-diskette in Laufwerk A
A >	DIR B: ↵	Das Inhaltsverzeichnis der vorher leeren Diskette in Laufwerk B zeigt nun folgende Dateien: BSP.TXT und BSP.$$$.

10.2.2 Eingabe von Daten in neue Dateien

> **Zur Eingabe von Daten in eine neue Datei wird der Editor Befehl**
>
> **I ↵**
>
> **verwendet.**

I ist die Kurzform für das englische Wort „insert", d. h. „einfügen" von neuen Zeichen in eine Datei, hier in eine neue Datei.

Der Mikrocomputer gibt automatisch die erste, bzw. später, bei weiteren Zeilen, die jeweils folgende Zeilennummer, gefolgt von einem Doppelpunkt, aus.

Anschließend folgt die zeilenweise Eingabe der einzugebenden Daten.

Jede Zeile muß mit der RETURN-Taste ↵ abgeschlossen werden.

Soll die Eingabe beendet werden, müssen die Tasten

$\boxed{\text{CTRL}}$ und $\boxed{\text{Z}}$

gleichzeitig gedrückt werden. $\boxed{\text{CTRL}\,|\,\text{Z}}$ ist das Steuerzeichen zur Beendung des Einfüge-vorgangs (vgl. Kap. 4.4.3).

Erst danach können wieder andere Editor-Befehle vom Editor bearbeitet werden. Dies wird auch für den Anwender äußerlich sichtbar durch die Ausgabe des Editor-Bereitschafts-zeichens :*.

Möchte man die Eingaben, die sich z. Z. noch im Arbeitsspeicher des Mikrocomputers be-finden, auf der im ED-Kommando genannten Diskette speichern, kann der Editor-Befehl

    E ↵

eingegeben werden.

Somit ergibt sich für die Eingabe neuer Datenzeilen in eine Datei folgende allge-meine Befehlsfolge:

> I ↵
> Eingabedatenzeile 1 ↵
> Eingabedatenzeile 2 ↵
> .
> .
> Eingabedatenzeile n ↵
> $\boxed{\text{CTRL}\,|\,\text{Z}}$
> E ↵

Beispiel 10.4:

Systembereit-schaftszeichen	Kommando-eingabe	Editiervorgang	
		Ausgabe	**Editorbefehle und Dateizeileneingabe**
A >	ED⌴B:ADD.BAS ↵	NEW FILE	
		:*	I ↵
		1:	1Ø⌴INPUT⌴A, B ↵
		2:	2Ø⌴C = A + B ↵
		3:	3Ø⌴PRINT⌴A, B, C ↵
		4:	4Ø⌴STOP ↵
		5:	5Ø⌴END ↵
		6:	
		:	$\boxed{\text{CTRL}\,|\,\text{Z}}$
		:*	E ↵
A >	DIR⌴B: ↵	Dateien ADD.BAK	
		und ADD.BAS	
A >	STAT⌴B:ADD.*↵	Recs Bytes Ext Acc	
		Ø ØK 1 . R/WB:ADD.BAK	
		1 1K 1 R/WB:ADD.BAS·	
		Bytes remaining on B:149 K	

Erläuterung:

Es soll ein BASIC-Programm mit dem Hauptnamen ADD (für Addition) und dem Ergänzungsnamen
BAS (für BASIC) erzeugt und auf der Diskette in Laufwerk B gespeichert werden (Kommando
ED B:ADD.BAS ↵). Da die Datei auf der Diskette in Laufwerk B noch nicht vorhanden war, er-
scheint die Ausgabe NEW FILE und das Editorbereitschaftszeichen :*.

Nun können sog. Editor-Befehle eingegeben werden. Einer dieser Befehle ist der I-Befehl zum Einfügen
von Daten. Schließt man diesen Befehl mit der RETURN-Taste ab, so wird eine *zeilenweise* Eingabe erwartet. (Es gibt auch eine *zeichenweise* Eingabe, die später besprochen wird (vgl. Kap. 10.3.6), da sie
für die Erzeugung neuer Dateien nicht verwendet wird). Dies wird durch die Ausgabe der ersten Zeilennummer auf dem Bildschirm angedeutet.

Jede Eingabezeile ist durch Drücken der RETURN-Taste ↵ zu beenden. Die nächste Zeilennummer erscheint, usw.

Soll die Eingabe beendet werden, muß zunächst das Steuerzeichen $\boxed{\text{CTRL}\,\boxed{\text{Z}}}$ gedrückt werden (Tasten
CTRL und Z gleichzeitig drücken).

Es meldet sich wieder der Editor mit seinem Bereitschaftszeichen :*, d. h. es wird die Eingabe eines
neuen Editor-Befehls erwartet.

Das BASIC-Programm, das z. Z. noch im Arbeitsspeicher des Mikrocomputers steht, soll auf der Diskette
in Laufwerk B gespeichert werden. Dazu muß das Editor-Kommando E ↵ eingegeben werden. Nach
Drücken dieser Tasten leuchtet die Kontrollampe des Laufwerkes B auf. Dies ist das sichtbare Zeichen,
daß Daten übertragen werden.

Anschließend meldet sich wieder das CP/M-Betriebssystem mit dem Bereitschaftszeichen A >.

Zur Prüfung, ob die Dateien auch wirklich vorhanden sind, kann das Kommando DIRᴜB: ↵ eingegeben
werden. Es werden die Dateinamen ADD.BAS und ADD.BAK ausgegeben. Die Zwischendatei ADD.$$$
existiert somit nach Abschluß der Eingabe einer neuen Datei nicht mehr. Dafür wurde automatisch ohne
Zutun des Anwenders eine Sicherungsdatei ADD.BAK (BAK-Kurzform für engl.: back-up, d. h. Reserve,
Schutz) eingerichtet. Diese Sicherungsdatei gewinnt ihre Bedeutung erst, wenn Dateien *geändert* werden
(vgl. Kap. 10.3), denn dann enthält die Sicherungsdatei die alte, unveränderte Version. Sollten beim
Ändern einer Datei Fehler auftreten, die im schlimmsten Fall zur Vernichtung der Datei führen, kann
stets auf die noch unveränderte Sicherungsdatei zurückgegriffen werden.

Das STAT-Kommando zeigt, daß nach der Ersteingabe die Sicherungsdatei noch leer ist (∅ Bytes), wäh-
rend die BASIC-Quelldatei 1 KByte in Anspruch nimmt. Erst *nach* einer Änderung wird die jetzige
BASIC-Quelldatei (hier ADD.BAS) zur Sicherungsdatei (hier ADD.BAK) und die geänderte Datei zur
neuen Quelldatei (hier ADD.BAS).

10.2.3 Beenden und Sichern von Eingaben

Für den Editier-Vorgang wird nicht der gesamte Arbeitsspeicher zur Verfügung gestellt,
sondern nur ein Speicherbereich (ED-Textpuffer). Aus zwei Gründen ist es daher wichtig,
neu erzeugte Dateien bzw. Dateiänderungen zwischendurch dauerhaft auf der Diskette zu
sichern:

- Der ED-Puffer-Speicher ist begrenzt. Es können nicht beliebig lange Programme einge-
  geben werden. Wenn der ED-Puffer voll ist, gehen weitere Eingaben verloren.

- Falls die Spannung ausfällt oder ein Kalt- oder Warmstart notwendig wird, gehen die neu
  eingegebenen Zeilen bzw. Änderungen verloren.

Aus diesen Gründen sollte man *häufig* neue Eingaben bzw. Änderungen dauerhaft auf der
Diskette zwischenspeichern und damit *sichern*.

- Dies kann man ebenfalls mit Hilfe des Editor-Befehls

    E ↵

  erreichen.

Der E-Befehl (E ist eine Abkürzung für engl. end, d. h. Ende, vgl. Kap. 10.6) überträgt die
Daten, die sich im ED-Textpuffer befinden, auf die Diskette. Dabei wird der ED-Textpuffer geleert. Die Quelldatei wird dabei gleichzeitig umbenannt und wird zur Sicherungs-
datei. Die Zwischendatei mit dem Ergänzungsnamen $$$ wird ebenfalls umbenannt und
wird zur neuen Quelldatei. Anschließend meldet sich das CP/M-Betriebssystem mit dem
Systembereitschaftszeichen A >. Die Editierung ist somit beendet.

Sollen weitere Eingaben bzw. Änderungen erfolgen, so muß der Editor erneut gestartet
werden (vgl. Kap. 10.2.1).

<table>
<tr><td colspan="2"><u>Eine</u> Möglichkeit, Eingabedaten zwischenzeitlich zu sichern bzw. geänderte Datei-
inhalte zu sichern ist die Eingabe der Befehlsfolge:</td></tr>
<tr><td>E ↵</td><td>Dauerhaftes Speichern der
Eingaben auf der Diskette</td></tr>
<tr><td>A > ED␣ Laufwerksangabe:Dateiname ↵</td><td>Erneutes Starten des Editors</td></tr>
</table>

● Den gleichen Effekt erreicht man aber auch mit der Eingabe des Editor-Befehls

> H ↵

(vgl. Kap. 10.6).

> **Der Editor-Befehl H ↵ beendet den Editorvorgang und startet ohne Zutun des An-
> wenders den Editor anschließend neu.**

Die Zwischendatei mit dem Ergänzungsnamen $$$ wird zur neuen Quelldatei, der ED-
Puffer-Speicher wird gelöscht und eine neue Zwischendatei zur Aufnahme der neuen Ein-
gaben eingerichtet. Weitere Möglichkeiten, den Editiervorgang zu beenden, werden in
Kap. 10.6 behandelt.

10.3 Änderung von vorhandenen Dateien

> **Bei Änderungen vorhandener Dateien müssen folgende Aufgaben bewältigt werden:**
> - **Quelldateien von der Diskette in den Arbeitsspeicher (ED-Pufferspeicher) bringen.**
> - **Zu ändernde Stellen kennzeichnen.**
> - **Anzeigen von Dateizeilen- und Dateibereichen.**
> - **Änderungen vornehmen.**
> - **Geänderte Datei vom Arbeitsspeicher auf die Diskette bringen.**
> - **Editiervorgang beenden.**

Für diese prinzipiellen Aufgaben existieren entsprechende Editor-Befehle.

10.3.1 Quelldatei von der Diskette in den ED-Pufferspeicher bringen

Ist das CP/M-Betriebssystem bereit (Bereitschaftszeichen A >) so wird, wie bereits bekannt,
der Editor gestartet mit dem Kommando:

> ED␣Laufwerksangabe:Dateiname ↵

Ist der Editor bereit, so meldet er sich mit dem Bereitschaftszeichen :*. Anschließend kann der Editor-Befehl eingegeben werden, der bewirkt, daß die genannte Datei (Dateiname im ED-Kommando) in den ED-Pufferspeicher gebracht wird.

> **Dieser Dateiübertragungsbefehl hat die allgemeine Form:**
>
> nA ↵

Hierbei ist:

n Anzahl der zu übertragenden Datei*zeilen* (n = ganze Zahl)

A Befehlsschlüssel zum Übertragen von n Dateizeilen einer Quelldatei von der Diskette zum Arbeitsspeicher (ED-Pufferspeicher).

↵ Abschluß des Befehls mit Hilfe der RETURN-Taste. Dies führt zur Ausführung des Befehls.

Soll nur *eine* Dateizeile übertragen werden, so kann die Angabe von n entfallen.

Ist die genaue Zahl der Dateizeilen unbekannt und sollen dennoch im allgemeinen alle Dateizeilen übertragen werden, so muß für n das Sonderzeichen # eingegeben werden. Es werden dann maximal 65535 Zeilen übertragen.

Beispiel 10.5

Es soll das in Kap. 10.2.2 erzeugte BASIC-Programm ADD.BAS (Beispiel 10.4) von der Diskette in Laufwerk B in den Arbeitsspeicher übertragen werden. Die Kommandofolge und die Systemantworten lauten:

A >	ED␣B:ADD.BAS ↵	Aufruf und Start des Editors von der Systemdiskette in Laufwerk A. Aktivierung des Laufwerkes B, in dem sich die Diskette mit der Datei ADD.BAS befindet.
:*	# A ↵	Übertragung von max. 65535 Zeilen der Datei ADD.BAS von der Diskette in Laufwerk B in den Arbeitsspeicher (ED-Puffer).

10.3.2 Kennzeichnung von Stellen in Dateien mit Hilfe eines Zeichen Zeigers (CP)

Um Änderungen in Dateien vornehmen zu können, muß man die zu ändernden Stellen in den Dateien entsprechend kennzeichnen können, d.h. man muß z. B. eine zu ändernde Zeile oder sogar innerhalb einer Zeile ein zu änderndes Zeichen kennzeichnen können (Spalte innerhalb der Zeile).

> **Zur Kennzeichnung einer bestimmten Stelle in einer Datei dient bei CP/M ein symbolisches Zeichen, der sog. Zeichen-Zeiger (engl. character-pointer, im Folgenden kurz CP genannt).**

Dieser Zeiger ist auf dem Bildschirm optisch leider nicht wahrnehmbar. Man kann ihn aber mit Hilfe von Editor-Befehlen beliebig zwischen bestimmte Zeichen einer im Arbeitsspeicher stehenden Datei positionieren.

Der CP kennzeichnet gleichzeitig mit der Positionierung *zwischen* zwei Zeichen einer Zeile auch die Zeile selbst. Die Zeile, in der der CP steht (gleichgültig an welcher Stelle innerhalb der Zeile), ist die Zeile, auf die positioniert ist. Diese Zeile nennt man auch kurz CL (engl. current line, d. h. aktuelle Zeile).

Der Zeichen-Zeiger CP kann mit folgenden Editor-Befehlen innerhalb einer Datei positioniert werden:

Nr.	Befehl	Erläuterung
1	(+) B ↵	**Mit dem Befehl + B ↵ bzw. B ↵ wird der CP an den Anfang des Arbeitsspeicherbereiches positioniert (vor das erste Zeichen).** B ist eine Kurzform für engl. Begin, d. h. Anfang.
2	− B ↵	**Mit dem Befehl − B ↵ wird der CP an das Ende des Arbeitsspeicherbereiches positioniert.** − B ist als negativer Anfang, d. h. als Ende zu verstehen.
3	± nL ↵	**Mit Hilfe des L-Befehls (L ist eine Kurzform für engl. Line, d. h. Zeile) kann der CP um n Zeilen vorwärts (+) bzw. rückwärts (−) positioniert werden.** Maßgebend ist dabei der *aktuelle* Stand des CP, d. h. der CP wird nicht ± n Zeilen vom Dateianfang positioniert, sondern n-Zeilen vom aktuellen Stand des CP. Sonderfälle: • n = $\emptyset$: Positionierung des CP an den *Anfang* der aktuellen Zeile (Dieser Befehl wird wichtig bei der Ausgabe der ganzen aktuellen Zeile mit Hilfe des T-Befehls, vgl. 10.3.3) • n größer als die Zeilenzahl: Der CP wird an den Anfang (zu großes −n) bzw. an das Ende (zu großes + n) des Arbeitsspeicherbereiches positioniert.
4	± nC ↵	**Mit Hilfe des C-Befehls (C ist eine Kurzform für engl. Character, d. h. Zeichen) kann der CP innerhalb einer Zeile um n Zeichen nach rechts (+) bzw. nach links (−) positioniert werden.** Ausgangspunkt ist immer die aktuelle Position des CP. Da der CP am Anfang einer Datei *vor* dem ersten Zeichen, am Ende hinter dem letzten Zeichen steht, steht der CP in der Zeile stets *zwischen* zwei Zeichen. Dies muß bei der Veränderung von Dateien später berücksichtigt werden.

10.3.3 Anzeigen von Dateizeilen und Dateibereichen auf dem Sichtschirm

Mit Hilfe der vorhergehenden Befehle (Kap. 10.3.2) konnte der CP zwar an beliebige Stellen der Quelldatei positioniert werden. Aber es ist nichts davon auf dem Bildschirm zu sehen. Die Positionierung ist nur elektronisch im Arbeitsspeicher realisiert. Zur richtigen Positionierung ist es jedoch erforderlich, eine Vorstellung vom jeweiligen Speicherinhalt zu haben. Dazu muß er ganz, teilweise oder zeilenweise auf dem Bildschirm angezeigt werden können. Dazu dient der T-Befehl.

Befehl	Erläuterung
n T ↵ − n T ↵	**Mit Hilfe des T-Befehls kann man Dateizeilen ausgeben (T Kurzform für engl. Type, d. h. soviel wie ausgeben, ausdrucken). Die Zahl n gibt die Anzahl der auszugebenden Zeilen an. Die Ausgabe beginnt ab der aktuellen Position des CP.**
	Mit Hilfe des Editor-Befehls nT werden n Zeilen ab der aktuellen Position des CP in Richtung wachsender Zeilenzahl ausgegeben. Ist der CP nicht am Zeilenanfang, wird als erste Zeile nur der Rest der Zeile ab der aktuellen Position des CP ausgegeben. Mit Hilfe des Editor-Befehls − nT werden n Zeilen ab der aktuellen Position des CP in Richtung kleiner werdender Zeilenzahl ausgegeben (n Zeilen *vor* der aktuellen Zeile). Ist der CP nicht am Zeilenanfang, wird die entsprechende Anzahl von Zeilen vor der aktuellen Zeile ausgegeben, sowie der Anfang der aktuellen Zeile bis zum CP. Ist n = 1, so kann die Angabe der Ziffer entfallen. T zeigt die aktuelle Zeile *nach* dem CP an. Dies gilt auch, wenn der CP nicht am Anfang der Zeile steht. − T Zeigt die vorhergehende Zeile *und* die aktuelle Zeile bis zum CP an.
	Gibt man für n = ∅ ein, so wird nur die aktuelle Zeile bis zum CP ausgegeben. Dies ist eine Möglichkeit, die tatsächliche Stellung des CP innerhalb einer Zeile sichtbar zu machen und damit zu überprüfen.
	Sollen alle Zeilen ab der aktuellen Zeile ausgegeben werden, so ist anstelle einer Zahl das Zeichen # anzugeben (max. 65535 Zeilen).
	Möchte man bei langen Ausgaben die Ausgabe abbrechen, so kann dazu die BREAK-Taste gedrückt werden.

10.3.4 Positionierung auf Zeilen einer Datei mit gleichzeitiger Ausgabe auf dem Sichtschirm

Eine häufig vorkommende Aufgabe ist das Aufsuchen und Anzeigen einer bestimmten Zeile oder eines Zeilenbereiches einer Datei, um dort Änderungen vorzunehmen.

Dafür gibt es spezielle Editor-Befehle, die eigentlich zwei bekannte Funktionen enthalten:
— das zeilenweise Positionieren und
— das Anzeigen der einzelnen auszugebenden Zeilen auf dem Bildschirm

Bei CP/M gibt es dazu gleich zwei Möglichkeiten:
— Positionieren und Anzeigen von Datenzeilen in Abhängigkeit vom aktuellen Stand des CP.
— Positionieren und Anzeigen von Dateizeilen und Dateibereichen in Abhängigkeit von der tatsächlichen Lage der Zeile innerhalb der Datei.

● Positionieren und Anzeigen von Dateizeilen in Abhängigkeit vom aktuellen Stand des CP

Der entsprechende Editor-Befehl lautet:

Befehl	Erläuterung
n ↵	Der Editor-Befehl n zeigt die n-te Zeile <u>nach</u> der z. Z. aktuellen Zeile (Stellung des CP vor Abgabe des Befehls) an.
− n ↵	Der Editor-Befehl − n zeigt die n-te Zeile <u>vor</u> der z. Z. aktuellen Zeile an.

Beispiel 10.6:

Es soll das BASIC-Programm von Kap. 10.2.2 (Beispiel 10.4), das auf einer Diskette gespeichert wurde, in den Arbeitsspeicher des Mikrocomputers geladen werden. Anschließend soll die Stellung des CP's verändert werden und dies mit Hilfe des T-Befehls sichtbar gemacht werden.

	Kommando	Ausgabe	Erläuterung
A >	ED⌴B:ADD.BAS ↵	:*	Aufrufen des Editors zum Editieren der Datei ADD.BAS auf der Diskette in Laufwerk B (vgl. 10.1).
	# A ↵	1:*	Gesamte Quelldatei von der Diskette in den Arbeitsspeicher bringen (vgl. 10.3.1).
	# T ↵	1:1∅⌴INPUT⌴A, B 2:2∅⌴C = A + B 3:3∅⌴PRINT⌴A, B, C 4:4∅⌴STOP 5:5∅⌴END 1:*	Ausgabe aller Dateizeilen auf dem Bildschirm (vgl. 10.3.3, max. 65535 Zeilen).
	T ↵	1:1∅⌴INPUT⌴A, B 1:*	Ausgabe der aktuellen Zeile. Man erkennt, daß der CP am Anfang in der 1. Zeile stehen muß und daß das positive Vorzeichen entfallen kann.
	2 L ↵	3:*	Verschieben des CP um 2 Zeilen. Die aktuelle Zeilennummer des CP wird ausgegeben (3:*).
	T ↵	3:3∅⌴PRINT⌴A, B, C 3:*	Die aktuelle Zeile wird ausgegeben.
	2 ↵	5:5∅⌴END 5:*	Kurzform zur Positionierung *und* Anzeige (zwei Zeilen weiter).
	− 3 ↵	2:2∅⌴C = A + B 2:*	Rückwärts positionieren um 3 Zeilen mit gleichzeitiger Anzeige.
	− B ↵	:*	CP an das Dateiende positionieren.
	T ↵	:*	Anzeige der aktuellen Zeile. Da nach dem Dateiende keine Zeile existiert, gibt es keine Anzeige.
	− 1 ↵	5:5∅⌴END	Anzeige der Zeile vor dem Dateiende.
	B ↵	1:*	CP an den Dateianfang positionieren. Die Ausgabe zeigt die aktuelle Zeilennummer, d: h. hier die Zeile 1, an.

	Kommando	Ausgabe	Erläuterung
	5C ↵	1:	CP um 5 Stellen nach rechts innerhalb der Zeile 1 verschieben.
	ØT ↵	1:1Ø⊔IN*	Anzeige der Zeichen bis zum aktuellen CP.
	T ↵	PUT⊔A, B	Anzeige der Zeichen nach dem aktuellen CP.
	3T ↵	PUT⊔A, B 1:2Ø⊔C = A + B 2:3Ø⊔PRINT⊔A, B, C 1:*	Ausgabe von 3 Zeilen ab dem CP. Die Zeile, in der der CP steht, wird nur ab dem CP ausgegeben. Zum Zeichen, daß der CP immer noch in der 1. Zeile (nach dem 5. Zeichen) steht, wird am Schluß das Editor-Bereitschaftszeichen 1:* ausgegeben.
	1 ↵	2:2Ø⊔C = A + B 2:*	Positionieren des CP auf den *Anfang* der nächsten Zeile und Ausgabe dieser Zeile (der CP stand in Zeile 1).
	ØT ↵	2:*	Ausgabe der Zeichen der Zeile *vor* dem aktuellen CP. Da keine Ausgabe erfolgt, bedeutet dies, daß der CP am Zeilenanfang steht, d. h. der CP wird bei Zeilenverschiebebefehlen stets an den Anfang der Zeile gesetzt. Die ursprüngliche Spaltenposition innerhalb der Vorgängerzeile bleibt nicht erhalten.
	E ↵	A >	Speichern der Datei auf der Diskette und verlassen des Editors. Es wird der ganze ED-Puffer unabhängig von der Stellung des CP abgespeichert. Das CP/M-Betriebssystem meldet sich mit A >.
	H ↵	:*	Man hätte den Speichervorgang auch mit H ↵ veranlassen können (vgl. 10.2.3). Der Editor wäre jedoch nicht verlassen worden, sondern neu gestartet worden. Als äußeres Zeichen würde das Editor-Bereitschaftszeichen :* ausgegeben.

- Positionieren und Anzeigen von Dateizeilen und Dateibereichen in Abhängigkeit von der tatsächlichen Lage innerhalb der Datei.

Eine weitere Möglichkeit, den CP an den Anfang einer bestimmten Zeile zu positionieren und diese Zeile (bzw. mehrere Zeilen) sofort anzuzeigen, ohne Rücksicht auf die aktuelle Position des CP, nur aus der Kenntnis der tatsächlichen Zeilennummer innerhalb der Datei, ist durch folgenden Editor-Befehl gegeben.

Befehl	Erläuterung
n : T ↵	Dieser Editor-Befehl zeigt die n-te Zeile <u>ab Zeilenanfang</u> einer Datei an. Der Buchstabe n steht stellvertretend für <u>eine</u> Zeilennummer, auf deren Anfang man gern den CP positioniert hätte und deren Inhalt man ausgeben möchte. Getrennt durch einen Doppelpunkt wird das T-Kommando gegeben.

Beispiel 10.7

Es wird wieder vom BASIC-Programm (Datei ADD.BAS) in Kap. 10.2.2 (Beispiel 10.4) ausgegangen.

Befehl	Ausgabe	Erläuterung
3 : T ↵	3:3Ø␣PRINT␣A, B, C 3:*	Ausgabe der dritten Zeile der Datei ADD.BAS. Der CP steht am Anfang der dritten Zeile.
5 : T ↵	5:5Ø␣END 5:*	Ausgabe der fünften Zeile der Datei ADD.BAS. Der CP steht am Anfang der fünften Zeile.
2 : T↵	2:2Ø␣C = A + B 2:*	Ausgabe der zweiten Zeile.

Man erkennt, daß die aktuelle Lage des CP keine Rolle mehr spielt.

Möchte man einen ganzen *Zeilenbereich* ausgeben, so läßt sich der Befehl entsprechend erweitern.

Befehl	Erläuterung
n1: :n2 T ↵	**Dieser Editor-Befehl zeigt den Zeilenbereich ab Zeile n1 bis einschließlich Zeile n2 einer Datei an (n1 und n2 stehen für Zeilennummern). Der CP steht nach der Anzeige am Anfang der ersten Zeile des Zeilenbereiches.**

Dieses Kommando ist dann sinnvoll, wenn der Zeilenbereich nicht direkt vor oder hinter dem aktuellen CP steht, denn in dem Falle ließe sich der Zeilenbereich einfacher durch n T ↵ ausgeben.

10.3.5 Löschen von Zeichen in Datenzeilen

Eine notwendige Aufgabe besteht z. B. beim Korrigieren von Dateien darin, Zeichen zu löschen. Diese Aufgabe übernimmt der folgende Editor-Befehl:

Befehl	Erläuterung
nD ↵	**Mit Hilfe des nD-Befehls (D ist eine Kurzform für engl. Delete, d. h. löschen) kann man n Zeichen <u>rechts</u> vom CP löschen.**
− nD ↵	**Mit Hilfe des − nD-Befehls kann man n Zeichen <u>links</u> vom CP löschen.**
	In beiden Fällen werden die Zeichen auch über die Zeile hinaus gelöscht. Dabei ist jedoch zu berücksichtigen, daß das Zeilenendezeichen ↵ , das sich aus dem Zeichen cr (<u>c</u>arriage <u>r</u>eturn = Wagenrücklauf) und lf (<u>l</u>ine <u>f</u>eed = Zeilenvorschub) zusammensetzt, ebenfalls gelöscht wird.
	Falls nur ein Zeichen gelöscht werden soll, kann n entfallen.

Beispiel 10.9

Es wird wieder von der Datei ADD.BAS (Beispiel 10.4) ausgegangen.

Befehl	Ausgabe	Erläuterung
B ↵	1:*	Positionierung des CP an den Anfang der 1. Zeile.
9C ↵	1:*	Positionierung des CP um 9 Stellen nach rechts.
T ↵	A, B 1:*	Anzeige der Zeichen rechts vom CP (nach dem neunten Zeichen). Das Blank-Zeichen ⌴ zählt als Zeichen.
3D ↵		Löschen der drei Zeichen A, B rechts vom CP (nach dem neunten Zeichen).
1:T ↵	1:1Ø⌴INPUT⌴ 1:*	Anzeige der 1. Zeile nach dem Löschen (der CP wird dabei an den Anfang der 1. Zeile gesetzt). Sie zeigt, daß die Zeichen A, B tatsächlich gelöscht wurden.
3 ↵	4:4Ø⌴STOP 4:*	Positionierung des CP um drei Zeilen weiter in Richtung steigender Zeilennummern und Ausgabe der Zeile.
2C ↵	4:*	Positionieren des CP um 2 Zeichen nach rechts in der 4. Zeile.
T ↵	⌴STOP	Anzeige der 4. Zeile nach dem 2. Zeichen.
– 2D ↵	4:*	Löschen von 2 Zeichen links vom CP.
4:T ↵	⌴STOP	Anzeige der 4. Zeile nach dem Löschen. Sie zeigt, daß die Anweisungsnummer 40 gelöscht wurde.
– 2 ↵	2:2Ø⌴C = A + B	
7C ↵	2:*	Positionieren des CP 7 Zeichen nach rechts.
T ↵	B 2:*	Anzeige der Zeichen nach dem CP (nach dem siebenten Zeichen).
5D ↵	2:*	Löschen von 5 Zeichen nach dem siebenten Zeichen.
B ↵	1:*	Positionieren des CP an den Anfang der Datei.
#T ↵	1:1Ø⌴INPUT 2:2Ø⌴C = A +⌴PRINT⌴A, B, C 3:⌴STOP 4:5Ø⌴END 1:*	Anzeige des gesamten Dateiinhaltes im Arbeitsspeicher. An diesem Ausdruck wird deutlich sichtbar, daß auch Zeichen über Zeilen hinweg gelöscht werden (Zeile 2). Insbesondere wird auch das *Zeilenbeendungszeichen* RETURN, bestehend aus den Zeichen cr (carriage return = Wagenrücklauf) und lf (line feed = Zeilenvorschub), symbolisch dargestellt durch ↵ , gelöscht. Dies hat zur Folge, daß nun die ursprünglichen Zeilen 2 und 3 in einer Zeile erscheinen, wobei die 5 Zeichen B, cr, lf, 3, Ø gelöscht wurden. Die Zeilennummerierung wird automatisch angepaßt.
E ↵		Speichern der geänderten Datei auf der Diskette.
A > DIR⌴B:↵	ADD.BAS ADD.BAK	Die Diskette in Laufwerk B enthält zwei Dateien: Die Quelldatei ADD.BAS mit den Änderungen und die Sicherungsdatei ADD.BAK mit der ursprünglichen Datei vor der Änderung.

10.3.6 Einfügen von Zeichen in Dateizeilen

Eine weitere wichtige Aufgabe besteht beim Korrigieren von Dateien darin, Zeichen an bestimmten Stellen innerhalb einer Zeile einfügen zu können.

Diese Aufgabe übernimmt der folgende Editor-Befehl:

Befehl	Erläuterung
I Einzufügende Zeichen CTRL Z ↵	**Mit Hilfe des I-Befehls (I ist eine Kurzform für engl. Insert, d. h. einfügen) können Zeichen an einer definierten Stelle einer Zeile eingefügt werden. Diese Stelle wird vom CP festgelegt. Die einzufügenden Zeichen werden vor dem aktuellen Stand des CP und dem vorhergehenden Zeichen eingefügt.**
	Der Anfang der Zeichen, die eingefügt werden sollen, wird durch das Schlüsselwort I gekennzeichnet, das Ende durch das Steuerzeichen CTRL Z . Der Befehl wird ausgeführt, wenn die RETURN-Taste ↵ gedrückt wird.

Beispiel 10.10

Es wird von der Quelldatei ADD.BAS ausgegangen, in der im Beispiel 10.9 des Kap. 10.3.5 Zeichen gelöscht wurden. Dieses Programmbeispiel soll durch Einfügen von Zeichen wieder korrigiert werden.

Befehl	Ausgabe	Erläuterung
ED␣B:ADD.BAS ↵	:*	Aufrufen des Editors zur Bearbeitung der Datei ADD.BAS.
# A ↵	1:*	Übertragen der Datei von der Diskette in den Arbeitsspeicher.
# T ↵	1:1Ø␣INPUT 2:2Ø␣C = A ↵␣PRINT␣A, B, C 3:␣STOP 4:5Ø␣END 1:*	Ausgabe des Dateiinhaltes auf dem Bildschirm.

Die Aufgabe besteht nun darin:

- in Zeile 1 nach 1Ø␣INPUT die Variablenliste␣A, B einzufügen,
- in Zeile 3 vor␣STOP 4Ø einzufügen und
- in Zeile 2 nach 2Ø␣C = A + die Zeichenfolge B ↵ 3Ø einzufügen (↵ ist das Zeilenendezeichen).

Dies soll mit folgenden Befehlen erreicht und kontrolliert werden:

Befehl	Ausgabe	Erläuterung
8C ↵	1:*	Der CP steht anfangs vor dem 1. Zeichen in Zeile 1. Der Befehl 8C bewegt den CP in Zeile 1 um 8 Stellen nach rechts, d. h. an folgende Stelle: 1 Ø ␣ I N P U T 							
1 2 3 4 5 6 7	8 CP vor CP nach der Verschiebung
I␣A, B CTRL Z ↵		Einfügen des Textes „␣A, B" *vor* dem aktuellen Stand des CP der Zeile 1 und *nach* dem letzten Zeichen vor dem CP.
B ↵	1:	CP an den Zeilenanfang setzen.

Befehl	Ausgabe	Erläuterung
T ↵	1:1∅␣INPUT␣A, B 1:*	Anzeige der ganzen Zeile. Dies zeigt, daß die Einfügung gelungen ist.
2 ↵	3:␣STOP 3:*	CP um zwei Zeilen in Richtung steigender Zeilennummern bewegen und diese Zeile anzeigen. Der CP steht somit am Anfang der dritten Zeile.
I4∅ CTRL Z ↵	*	Einfügen der Zahl 4∅ vor dem CP am Anfang der Zeile. Der CP steht nach dem Einfügen nicht mehr am Anfang der Zeile.
∅L ↵	3:*	CP an den Anfang der Zeile bewegen.
T ↵	3:4∅␣STOP 3:*	Ausgeben der geänderten Zeile. Es zeigt sich, daß die Einfügung, wie gewünscht, gelungen ist.
− 1 ↵	2:2∅␣C = A +␣PRINT␣A, B, C 2:*	CP um eine Zeile zurück bewegen und diese Zeile anzeigen.
7C ↵	2:*	CP in Zeile 2 um 7 Stellen nach rechts bewegen. Die Stelle zeigt folgende Skizze: 2∅␣C = A + PRINT A, B, C │ │ │ │ │ │ │ │1 2 3 4 5 6 7│
T ↵	␣PRINT␣A, B, C 2:*	Prüfen, ob der CP richtig steht.
IB ↵	:*	Versuch, die Zeichen „B ↵ 3∅'' einzufügen. Nach der Eingabe des RETURN-Zeichens ↵ meldet sich jedoch der Editor mit :*, d.h. der Einfügebefehl ist bei Eingabe des RETURN-Zeichens abgebrochen worden.
B ↵	1 :*	Mit B ↵ wird der CP an den Anfang der Datei gestellt.
#T ↵	1:1∅␣INPUT␣A, B 2:2∅␣C = A + B 3:␣PRINT␣A, B, C 4:4∅␣STOP 5:5∅␣END 1:*	Mit Hilfe von #T wird der Inhalt der gesamten Datei ausgegeben. Man erkennt, daß die Zeichen B ↵ eingefügt wurden und die ehemalige Zeile 2 nach B durch das Zeilenendzeichen ↵ getrennt wurde. Es erscheint nun eine dritte Zeile mit den Zeichen ␣PRINT␣A, B, C. Es muß als letzte Korrektur in Zeile 3 nur noch die Zahl 3∅ vor PRINT eingefügt werden. Die Zeilennummerierung wurde bei der Zeilentrennung automatisch geändert.
2 ↵	3:␣PRINT␣A, B, C	CP an den Anfang von Zeile 3 stellen und diese Zeile anzeigen.
I 3∅ CTRL Z ↵	3:*	Einfügen des Textes 3∅ vor dem CP.
∅L ↵	*	CP an den Anfang der Zeile setzen.
T ↵	3:3∅␣PRINT␣A, B, C	Ausgabe der Zeile mit dem angefügten Text.

Damit ist der Einfügevorgang beendet und das BASIC-Programm wieder in ursprünglicher Form hergestellt. Das Einfügen eines RETURN-Zeichens ↵ führt hier dazu, daß die Einfügung in *zwei* Schritten vorgenommen werden mußte. Dies ist etwas umständlich. Später wird ein bequemerer Weg aufgezeigt, RETURN-Zeichen innerhalb von einzufügenden Zeichen in *einem* Schritt einzufügen (vgl. Kap. 10.4 CTRL L).

10.3.7 Löschen von Dateizeilen

Möchte man ganze Dateizeilen löschen, so löscht man diese nicht zeichenweise mit Hilfe des D-Befehls, sondern mit einem speziellen Editor-Befehl.

Befehl	Erläuterung
nK↵ – nK↵	Mit Hilfe des K-Befehls (K ist eine Kurzform für engl. Kill, d.h. töten, sinngemäß ebenfalls (aus) löschen), können Dateizeilen gelöscht werden. **Mit Hilfe des Befehls nK werden n Zeilen nach dem CP gelöscht (d.h. in Richtung steigender Zeilennummern). Mit Hilfe des Befehls – nK werden n Zeilen vor dem CP gelöscht (d.h. in Richtung kleiner werdender Zeilennummern).** Zum Löschen von Zeilen sollte der CP am Anfang einer Zeile stehen. Ist dies nicht der Fall, bleiben beim Befehl nK die Zeichen der Zeile nach dem CP erhalten, beim Befehl – nK die Zeichen *vor* dem CP. Diese teilweise Löschung einer Zeile geht bei nK in der Gesamtzahl der zu löschenden Zeilen n als eine ganze Zeile ein, bei – nK nicht.

Beispiel 10.11

Es wird von der Datei ADD.BAS (Beispiel 10.10 nach Beendigung aller Einfügungen) ausgegangen und einige Zeilen gelöscht.

Eingabe	Ausgabe	Erläuterung
ED␣B:ADD.BAS ↵	:*	Aufruf des Editors zur Editierung der Datei ADD.BAS.
#A ↵	1:*	Übertragen der Datei von der Diskette in den Arbeitsspeicher.
#T ↵	1:1Ø␣INPUT␣A, B 2:2Ø␣C = A + B 3:3Ø␣PRINT␣A, B, C 4:4Ø␣STOP 5:5Ø␣END 1:*	Ausgabe der Datei.
K ↵	1:*	Löschen der ersten Zeile.
2 ↵	3:4Ø␣STOP	CP zwei Zeilen weiter bewegen. Man erkennt, daß in Zeile 3 jetzt der 4. Befehl infolge des vorhergehenden Löschbefehls steht.
4C ↵	3:*	CP in der aktuellen Zeile 3 um 4 Zeichen nach rechts bewegen.

Befehl	Ausgabe	Erläuterung
– 2K ↵	3:*	Löschen von 2 Zeilen vor dem CP. Der Teil der aktuellen Zeile 3 vor dem CP zählt nicht als eine Zeile, obwohl diese Zeichen gelöscht werden. Es werden 2 Zeilen vor der aktuellen Zeile 3 gelöscht.
B ↵	1:*	CP an den Dateianfang bewegen.
# T ↵	1:TOP 2:5∅␣END 1:*	Ausgabe aller Zeilen der Datei. Es wurde gleich am Anfang die ursprüngliche Zeile 1 gelöscht, dann die ursprüngliche Zeile 2 und 3, sowie der Anfang der Zeile 4, so daß nur noch diese beiden Zeilen übrig bleiben.
E ↵		Speichern des geänderten Programms auf der im Editorkommando angegebenen Diskette.

10.3.8 Einfügen von Dateizeilen

Möchte man ganze Datenzeilen in eine Datei einfügen, so ist dies mit dem schon bekannten I-Befehl möglich, der schon zur Erstellung einer Datei benutzt wurde (vgl. Kap. 10.2.2).

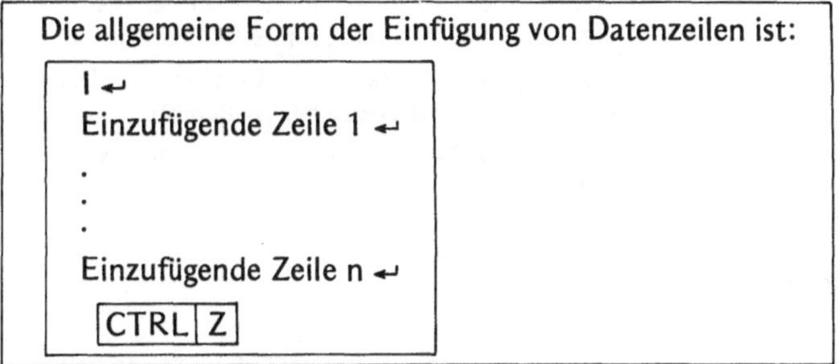

Mit der Eingabe des I-Befehlsschlüssels beginnt die Eingabe der einzufügenden Zeilen. Es werden solange Zeilen eingefügt, bis das Steuerzeichen CTRL Z eingegeben wird. Die einzelnen Eingabezeilen werden durch Drücken der RETURN-Taste voneinander getrennt.

> Die einzufügenden Zeilen werden direkt vor dem aktuellen Stand des CP eingefügt.

Steht der CP vor einer Zeile, so bedeutet dies, daß die einzufügenden Zeilen *vor* der zur Zeit aktuellen Zeile eingefügt werden.

> Der CP steht nach dem Einfügevorgang hinter dem letzten eingefügten Zeichen.

Sollen die letzten eingegebenen Zeichen direkt an die Zeichen einer Zeile angeschlossen werden, so darf am Schluß nicht die RETURN-Taste gedrückt werden. Dies würde bewirken, daß diese Zeichen in einer eigenen Zeile geschrieben würden.

Beispiel 10.12

Es soll von der Datei ADD.BAS (Kap. 10.3.7, Beispiel 10.11) ausgegangen werden. Es wurden dort einige Zeilen gelöscht. Diese sind wieder einzufügen.

Eingabe	Ausgabe	Erläuterung
ED⌴B:ADD.BAS ↵	:*	Aufruf des Editors zum Editieren der Datei ADD.BAS.
# A ↵	1:*	Übertragen der Datei von der Diskette in den Arbeitsspeicher.
# T ↵	1:TOP 2:5∅⌴END 1:*	Ausgabe des Inhaltes der Datei auf dem Bildschirm.
I ↵ 1∅⌴INPUT⌴A, B ← 2∅⌴C = A + B ↵ 3∅⌴PRINT⌴A, B, C ↵ 4∅⌴S CTRL Z	1: 2: 3: 4: 4:*	Einfügekommandos. } einzufügende Zeilen Abschluß des Einfügekommandos.
H ↵	:*	Speichern der veränderten Datei auf der Diskette und Neustart des Editors (H-Befehl).
# A ↵	1:*	Übertragung der veränderten Datei von der Diskette in den Arbeitsspeicher (A-Befehl).
# T ↵	1:1∅⌴INPUT⌴A, B 2:2∅⌴C = A + B 3:3∅⌴PRINT⌴A, B, C 4:4∅⌴STOP 5:5∅⌴END 1:*	Anzeige des Dateiinhaltes. Wie man sieht, ist das ursprüngliche BASIC-Programm wieder vorhanden.
2 ↵	3:3∅⌴PRINT⌴A, B, C 3:	Positionieren des CP an den Anfang der dritten Zeile.
I ↵ 25⌴C = A – B ↵ CTRL Z	3: 4: 4:*	Einfügen der Zeile 25⌴C = A – B zwischen Zeile 2 und 3. Der CP steht am Anfang der dritten Zeile. Die einzufügende Datenzeile wird vor der aktuellen Position des CP eingefügt, d. h. vor Zeile 3 und hinter Zeile 2. Nach Abschluß des Einfügevorgangs durch CTRL Z steht der CP hinter dem letzten eingefügten Zeichen, d. h. vor Zeile 4.
H ←	:*	Speichern der veränderten Datei auf der Diskette und Neustart des Editors (H-Befehl).
# T	1:1∅⌴INPUT⌴A, B 2:2∅⌴C = A + B 3:25⌴C = A – B 4:3∅⌴PRINT⌴A, B, C 5:4∅⌴STOP 6:5∅⌴END 1:*	Wie die Ausgabe der Datei zeigt, wurde die Zeilennummerierung automatisch geändert.
E ↵	:*	Speichern des geänderten Programms auf der Diskette. CP/M meldet sich.

10.3.9 Aufsuchen von Zeichen und Zeichenfolgen

Der Anwender hat an den vorhergegangenen Beispielen vielleicht gemerkt, daß es vielfach mühsam ist, den CP richtig zu positionieren. Es muß die richtige Zeile und die richtige Position innerhalb der Zeile *ausgezählt* werden. Dabei kann man sich leicht vertun.

Einfacher ist es vielfach, ein spezielles Zeichen oder eine spezielle Zeichenfolge innerhalb der Datei vom Editor aufsuchen zu lassen. Nach dem Aufsuchen und Finden dieser Zeichenfolge ist der CP hinter dem letzten Zeichen der Zeichenfolge positioniert. Das lästige Auszählen entfällt. Dazu dient folgender Editor-Befehl:

Befehl	Erläuterung
nF Zeichenfolge ↵	Mit Hilfe des F-Befehls (F ist eine Kurzform für engl. <u>F</u>ind, d. h. finden, aufsuchen) können einzelne Zeichen bzw. Zeichenfolgen innerhalb einer Datei gefunden werden. **Es wird das n-te Zeichen bzw. die n-te Zeichenfolge, ausgehend von der aktuellen Position des CP, gesucht. Wird die Zeichenfolge gefunden, wird der CP hinter das letzte Zeichen der Zeichenfolge positioniert.** Wird keine entsprechende Zeichenfolge gefunden, erscheint eine Fehlermeldung (vgl. Kap. 10.8.2). Die Zahl der Zeichen in einer Zeichenfolge ist begrenzt (i. a. max. 100 Zeichen).

Nach der Positionierung des CP mit Hilfe des F-Befehls können Editor-Änderungsbefehle angewendet werden, die an dieser Stelle beginnen sollen.

Beispiel 10.13

Es soll von der Datei ADD.BAS (Kap. 10.3.8, Beispiel 10.12) ausgegangen werden.

Eingabe	Ausgabe	Erläuterung
ED B:ADD.BAS ↵ # A ↵ # T ↵	:* 1:* 1:1∅⊔INPUT⊔A, B 2:2∅⊔C = A + B 3:25⊔C = A − B 4:3∅⊔PRINT⊔A, B, C 5:4∅⊔STOP 6:5∅⊔END 1:*	Übertragen der Datei ADD.BAS von der Diskette in den Arbeitsspeicher und Ausgabe der gesamten Datei auf dem Sichtschirm.
FT ↵	1:*	Aufsuchen des ersten Buchstabens T vom Anfang der Datei und Positionieren des CP hinter dem T.
T ↵	⊔A, B 1:*	Ausdruck der Zeichen in der Zeile mit dem ersten T rechts vom aktuellen CP (hier⊔A, B hinter INPU<u>T</u> in Zeile 1).
B ↵	1:	Positionieren des CP an den Anfang der Datei.
2 FT ↵	4:*	Aufsuchen des zweiten Buchstabens T vom Anfang der Datei und Positionierung des CP hinter dem T.

Befehl	Ausgabe	Erläuterung
T ↵	⊔A, B, C 4:*	Ausdruck der Zeichen in der Zeile mit dem zweiten T rechts vom aktuellen CP (hier nach PRIN<u>T</u> in Zeile 4).
B ↵	1:*	Positionierung des CP an den Anfang der Datei.
3 FT ↵	5:*	Aufsuchen des dritten Buchstaben T vom Anfang der Datei und Positionierung des CP hinter dem T.
T ↵	OP 5:*	Ausdruck der Zeichen in der Zeile mit dem dritten T rechts vom aktuellen CP (hier nach S<u>T</u> von STOP in Zeile 5).
B ↵		Positionierung des CP an den Anfang der Datei.
4 FT ↵	BREAK „#" AT ⊔ 5:*	Aufsuchen des vierten Buchstaben T vom Anfang der Datei. Dies führt zu einer Fehlermeldung (vgl. Kap. 10.8.2), da kein viertes T in der Datei vorkommt. Der CP wird hinter dem letzten T der Datei positioniert.
T ↵	OP 5:*	Anzeige der Zeile hinter dem aktuellen Stand des CP.
− 2 ↵	3:25⊔C = A − B 3:*	Positionierung des CP an den Anfang der Zeile 3 (von Zeile 5 rückwärts um 2 Zeilen) und Anzeige der Zeile.
FT ↵ T ↵	4:* ⊔A, B, C 4:*	Aufsuchen des nächsten Buchstaben T und Ausdrucken der Zeichen rechts vom aktuellen CP. Das T wird in Zeile 4 gefunden. Man erkennt, daß der aktuelle Stand des CP wichtig ist, denn das T von INPU<u>T</u> wird nicht berücksichtigt, da erst ab Zeile 3 gesucht wird.

10.3.10 Austauschen von Zeichen und Zeichenfolgen

Sehr wirkungsvoll ist ein Editor-Befehl zum Austauschen von Zeichen und Zeichenfolgen, denn es vereint in der Funktion die Befehle:

● *Aufsuchen* von Zeichen bzw. Zeichenfolgen,
● *Löschen* von Zeichen bzw. Zeichenfolgen und
● anschließendes *Einfügen* von Zeichen bzw. Zeichenfolgen.

Befehl	Erläuterung
nS AZ CTRL Z NZ ↵ AZ = Alte Zeichenfolge NZ = Neue Zeichenfolge	**Mit Hilfe des S-Befehls (S ist eine Kurzform für engl. <u>S</u>ubstitute, d. h. ersetzen, austauschen) können einzelne Zeichen bzw. Zeichenfolgen gegen andere Zeichen bzw. Zeichenfolgen ausgetauscht werden.**
	Anders ausgedrückt: Eine alte Zeichenfolge kann gegen eine neue Zeichenfolge ausgetauscht werden. Die Trennung der Zeichenfolgen erfolgt durch das Steuerzeichen CTRL Z. Die Zeichenfolgen brauchen nicht gleich lang zu sein.

	Die Suche nach der auszutauschenden alten Zeichenfolge beginnt bei der aktuellen Position des CP.
	Die Zahl n vor dem S-Kommando gibt an, wie häufig das Austauschkommando ausgeführt werden soll.
	Die Zahl der Zeichen in einer Zeichenfolge ist begrenzt (i. a. max. 100 Zeichen).

Beispiel 10.14

Es soll von der Datei ADD.BAS (Kap. 10.3.9, Beispiel 10.13) ausgegangen werden.

Eingabe	Ausgabe	Erläuterung
ED␣B:ADD.BAS ↵ #A ↵ #T ↵ ·	:* 1:* 1:1Ø␣INPUT␣A, B 2:2Ø␣C = A + B 3:25␣C = A – B 4:3Ø␣PRINT␣A, B, C 5:4Ø␣STOP 6:5Ø␣END 1:*	Ausgabe der Datei ADD.BAS.
4 SA [CTRL Z] X ↵	4:*	Austausch der ersten vier Buchstaben A gegen vier Buchstaben X. Die Ausgabe 4:* zeigt, daß der letzte Austausch in Zeile 4 stattfand. Hier steht auch der CP.
B ↵	1:*	Möchte man in einem folgenden Befehl Zeichen *vor* der aktuellen Position des CP austauschen, so muß man den CP z. B. mit Hilfe des Befehls B ↵ an den Anfang der Datei stellen.
4 SB [CTRL Z] Y ↵ B ↵	4:* 1:*	Austausch der ersten vier Buchstaben B gegen vier Buchstaben Y und Positionieren des CP an den Anfang der Datei.
3 SC [CTRL Z] Z ↵ B ↵	4:* 1:*	Austausch der ersten drei Buchstaben C gegen drei Buchstaben Z und Positionieren des CP an den Anfang der Datei.
S + [CTRL Z] * ↵	2:*	Austausch des ersten + gegen *.
S – [CTRL Z] / ↵	3:*	Austausch des nächsten – gegen /.
H ↵ #A ↵ #T ↵	:* 1:* 1:1Ø␣INPUT␣X, Y 2:2Ø␣Z = X * Y 3:25␣Z = X/Y 4:3Ø␣PRINT␣X, Y, Z 5:4Ø␣STOP 6:5Ø␣END 1:*	Abspeichern der veränderten Datei auf der Diskette und neu in den Arbeitsspeicher laden. Ausgabe der veränderten Datei.

Wenn mehr Austauschversuche mit Hilfe des Wertes von n unternommen werden sollen als tatsächlich möglich sind, wird folgende Fehlermeldung ausgegeben (vgl. Kap. 10.8.2):

BREAK "#" AT Fehlerstelle

Der Austausch wird jedoch soweit wie möglich vorgenommen. Der CP steht hinter dem letzten Zeichen, das ausgetauscht wurde.

10.3.11 Finden von Zeichenfolgen mit anschließendem Einfügen von Zeichenfolgen und Löschen bis zu einer bestimmten Zeichenfolge

Dies ist ein sehr komplexer Editor-Befehl. Er hat die allgemeine Form:

nJ Zeichenfolge 1 $\boxed{\text{CTRL}\,\text{Z}}$ Zeichenfolge 2 $\boxed{\text{CTRL}\,\text{Z}}$ Zeichenfolge 3 ↵

Hierbei ist:

J	Befehlsschlüssel
Zeichenfolge 1	Ausgehend von der aktuellen Position des CP wird die „Zeichenfolge 1" gesucht.
Zeichenfolge 2	Ist die „Zeichenfolge 1" gefunden, wird hinter das letzte Zeichen der „Zeichenfolge 1" die „Zeichenfolge 2" eingefügt und der CP hinter das letzte Zeichen der „Zeichenfolge 2" positioniert.
Zeichenfolge 3	Anschließend werden alle Zeichen, ausgehend von der aktuellen Position des CP bis zum Anfang der „Zeichenfolge 3" gelöscht. (Das 1. Zeichen der „Zeichenfolge 3" bleibt erhalten). Wird diese Zeichenfolge nicht gefunden, wird kein Zeichen gelöscht.
n	Die ganze Zahl, für die n stellvertretend steht, gibt an, wie häufig der J-Befehl wiederholt werden soll.

Man kann mit dem J-Kommando längere Zeichenfolgen löschen bzw. austauschen, ohne die Zeichen in voller Länge auszählen bzw. angeben zu müssen. Es werden dazu nur die Endstellen der Zeichenfolge (Zeichenfolge 1 und 3) eindeutig angegeben. Die Zeichen dazwischen werden gelöscht bzw. durch andere Zeichen ersetzt.

Achtung:

Sind die Zeichenfolgen 1 und 3 in verschiedenen Zeilen, so werden auch die RETURN-Zeichen ↵ zwischen den Zeilen gelöscht, das heißt, z. B. aus zwei Zeilen wird eine.

Beispiel 10.15:

Es soll von der Datei ADD.BAS (Kap. 10.3.10, Beispiel 10.14) ausgegangen werden.

Eingabe	Ausgabe	Erläuterung
ED␣B:ADD.BAS ↵ ＃A ↵ ＃T ↵	:* 1:* 1:1∅␣INPUT␣X, Y 2:2∅␣Z = X*Y 3:25␣Z = X/Y 4:3∅␣PRINT␣X, Y, Z 5:4∅␣STOP 6:5∅␣END 1:*	Laden und anzeigen der Quelldatei ADD.BAS von einer Diskette in Laufwerk B in den Arbeitsspeicher.

Eingabe	Erläuterung
J2Ø␣ [CTRL][Z] Z = EXP(X + Y) [CTRL][Z] * ↵ J␣[CTRL][Z] ␣ [CTRL][Z] P ↵	Der CP steht anfangs vor der 1. Zeile. Der erste J-Befehl sucht die Zeichenfolge „2Ø␣", fügt dahinter die Zeichenfolge Z=EXP(X + Y) ein und löscht alle Zeichen bis zur Zeichenfolge * (ausschließlich). Der zweite J-Befehl sucht das nächste Zeichen ␣ ab dem aktuellen Stand des CP, fügt ein ␣ hinzu und löscht alle Zeichen bis zum nächsten P.

Eingabe	Ausgabe	
B ↵ #T ↵		Ausgabe der veränderten Datei.
	2:1Ø␣INPUT X, Y 3:2Ø␣Z = EXP(X + Y) * Y 4:25␣ ␣PRINT␣ X, Y, Z 5:4Ø␣STOP 6:5Ø␣END 2:*	

10.3.12 Einfügen von Bibliotheksdateien

Es gibt vielfach Quelldateien, die in stets gleichbleibender Form in andere Dateien einzufügen sind. Diese allgemein verwendbaren Quelldateien nennt man auch Bibliotheksdateien.

> **Bibliotheksdateien sind allgemein verwendbare Quelldateien.**

Bibliotheksdateien können z. B. spezielle Rechengänge enthalten, die häufig vom Anwender in verschiedenen Programmen benötigt werden, aber auch stets gleichbleibende Texte, die häufig wiederkehren o. ä.

> **Eine derartige Bibliotheksdatei muß vor dem Befehl zum Einfügen in eine andere Datei**
>
> ● **entweder schon vorhanden sein oder**
> ● **vorher mit Hilfe des Editors neu erstellt werden (vgl. Kap. 10.2)**

Bezüglich des Bibliotheksdateinamens ist folgendes zu berücksichtigen:

Die Bibliotheksdatei muß einen Dateihauptnamen, der zum Zeitpunkt der Erstellung der Bibliotheksdatei vom Anwender frei wählbar ist, aufweisen, sowie einen standardmäßig festgelegten Dateiergänzungsnamen LIB (engl. library, d. h. Bibliothek).

> **Die allgemeine Form eines Bibliotheksdateinamens ist:**
>
> > **Dateihauptname. LIB**

> **Während des Editiervorganges kann eine Bibliotheksdatei in eine andere schon im Arbeitsspeicher vorhandene Datei eingefügt werden. Dazu dient der allgemeine Editor-Befehl:**
>
> > **R Dateihauptname ↵**

Hierbei ist:

R der Befehls-Schlüssel zum Lesen der Bibliotheksdatei von der Diskette und zum Einfügen der Bibliotheksdatei in eine vorhandene Datei im Arbeitsspeicher (R steht für engl. READ, d. h. lesen).

Der Dateihauptname ist der Dateihauptname der Bibliotheksdatei. Der Schlüsselbuchstabe R und der Dateihauptname dürfen *nicht* durch ein Blank (⊔) getrennt werden. Ansonsten erscheint eine Fehlermeldung (vgl. 10.8).

Der Dateiergänzungsname darf ebenfalls nicht angegeben werden.

Die Stelle, an der die Bibliotheksdatei in die im Arbeitsspeicher vorhandene Datei eingefügt wird, wird durch die aktuelle Lage des CP gekennzeichnet.

Der Inhalt der Bibliotheksdatei wird ab der aktuellen Position des CP in die im Arbeitsspeicher vorhandene Datei eingefügt.

In den meisten Fällen werden ganze Zeilen einzufügen sein. Steht der CP am Anfang einer Zeile, so wird somit die gesamte Bibliotheksdatei *vor* dieser Zeile eingefügt.

Beispiel 10.16

Es sollen 2 leere BASIC-Kommentarzeilen (Anweisung: REM) vor die gesamte Datei ADD.BAS (Beispiel 10.14, Kap. 10.3.10) und vor dem Druckbefehl 3Ø⊔PRINT⊔X, Y, Z eingefügt werden.

Eingabe	Ausgabe	Erläuterung
ED⊔B:REM.LIB ↵ I ↵ Ø1⊔REM ↵ Ø2⊔REM ↵ CTRL Z E ↵	NEW⊔FILE :* 1:Ø1⊔REM 2:Ø2⊔REM :*	Erzeugen der Bibliotheksdatei REM.LIB mit Hilfe des Editors (vgl. 10.2). Sie enthält zwei Zeilen (BASIC-Kommentaranweisungen REM). Die Bibliotheksdatei wird auf der Diskette in Laufwerk B gespeichert.
ED⊔B:ADD.BAS ↵ ＃A ↵ ＃T ↵	:* 1:* 1:1Ø⊔INPUT⊔X, Y 2:2Ø⊔Z = X * Y 3:25⊔Z = X/Y 4:3Ø⊔PRINT⊔X, Y, Z 5:4Ø⊔STOP 6:5Ø⊔END 1:	Aufrufen des auf der Diskette in Laufwerk B gespeicherten Programms ADD.BAS mit Hilfe des Editors, übertragen der Datei in den Arbeitsspeicher und Anzeigen des gesamten Inhalts auf dem Sichtschirm.
RREM ↵ 3 ↵ RREM ↵ B ↵ ＃T ↵	3:* 6:3Ø⊔PRINT⊔X, Y, Z 8:* 1:* 1:Ø1⊔REM 2:Ø2⊔REM 3:1Ø⊔INPUT⊔X, Y 4:2Ø⊔Z = X * Y 5:25⊔Z = X/Y 6:Ø1⊔REM 7:Ø2⊔REM 8:3Ø⊔PRINT⊔X, Y, Z 9:4Ø⊔STOP 10:5Ø⊔END	Am Anfang steht der CP vor der 1. Zeile der Datei ADD.BAS. Durch das Kommando RREM wird der Inhalt der Datei REM.LIB *vor* der 1. Zeile der Datei ADD.BAS eingefügt. Der CP steht in Zeile 3. Durch den Editor Befehl 3 ↵ wird der CP um 3 Zeilen weiter gesetzt, d.h. an den Anfang der 6. Zeile „3Ø⊔PRINT⊔X, Y, Z". Mit Hilfe des Befehls RREM wird *vor* dieser Zeile ebenfalls die Datei REM.LIB eingefügt. Zur Kontrolle des Einfügevorgangs wird der Befehl B ↵ und ＃T ↵ gegeben, um am Sichtschirm zu sehen, ob diese Einfügungen vorgenommen wurden. Die Ausgabe zeigt, daß dies der Fall ist.
E ↵		Speichern der ergänzten Datei unter dem Namen ADD.BAS. Die ursprüngliche Datei ist noch unter dem Namen ADD.BAK verfügbar.

10.3.4 Editor-Befehlsketten

Bislang wurde immer nur ein Editor-Befehl nach dem anderen eingegeben. Durch Drücken der RETURN-Taste ← wurde jeder einzelne dieser Befehle sofort ausgeführt.

Es ist jedoch auch möglich, gleich eine ganze Folge von Editor-Befehlen einzugeben und anschließend die gesamte Befehls-Kette ausführen zu lassen.

Eine Befehlskette ist eine Folge von lückenlos aufeinander folgenden (Editor)-Befehlen.

Aus diesem Grunde darf während der Eingabe der Befehls-Kette nicht die RETURN-Taste gedrückt werden, denn dies würde zu einer sofortigen Bearbeitung der bislang eingegebenen Befehle führen.

Die Befehlskette wird erst ausgeführt, wenn die RETURN-Taste gedrückt wird.

Bei Befehlen, die Zeichenfolgen enthalten, muß der Anfang und das Ende der Zeichenfolge für den Mikrocomputer erkennbar sein, damit die Buchstaben der Zeichenfolgen nicht als Schlüsselbuchstaben für Editor-Befehle mißverstanden werden. Der *Anfang* der Zeichenfolge beginnt hinter dem Befehlsschlüsselbuchstaben.

Das Ende einer <u>Zeichenfolge</u> wird in <u>Befehlsketten</u> mit Hilfe des Steuer-Zeichens CTRL Z gekennzeichnet.

Es handelt sich hierbei insbesondere um die Befehle:

I	Zeichenfolge	CTRL Z
n F	Zeichenfolge	CTRL Z

Dies gilt auch, wenn mehrere Zeichenfolgen in einem Befehl auftreten. Die letzte Zeichenfolge wird ebenfalls mit CTRL Z abgeschlossen. Es handelt sich hier u. a. um die Befehle:

nS Zeichenfolge 1 CTRL Z Zeichenfolge 2 CTRL Z
nJ Zeichenfolge 1 CTRL Z Zeichenfolge 2 CTRL Z Zeichenfolge 3 CTRL Z

Eine Problematik ergibt sich, wenn eine *Zeichen*folge ein RETURN-Zeichen(←) enthält. Diese Problematik ergibt sich z. B., wenn bis zum Zeilenende einer Datei-Zeile alle Zeichen gelöscht werden sollen. Die Eingabe des Zeilenendes, d. h. die Eingabe von RETURN (←), würde die sofortige Ausführung der Befehlskette bewirken. Das ist nicht gewollt.

In einer Zeichenfolge ist das RETURN-Zeichen durch das Steuerzeichen CTRL L zu ersetzen (vgl. 4.4.3).

Die Befehlskette darf aus höchstens 128 Zeichen bestehen.

Da eine Zeile auf dem Sichtschirm nur 80 Zeilen aufnehmen kann, kann es bei längeren Befehlsketten vorkommen, daß zur zweiten Zeile übergegangen werden muß. Dieser Übergang in die nächste Zeile würde üblicherweise durch Drücken der RETURN-Taste bewerkstelligt. Dies ist jedoch innerhalb einer Befehls-Kette nicht erlaubt.

> Innerhalb einer Befehlskette wird der Übergang zu einer neuen Zeile mit Hilfe des
> Steuerzeichens $\boxed{\text{CTRL}\;\text{E}}$ bewerkstelligt (vgl. 4.4.3).
> Befehle, die dazu führen, daß der Arbeitsspeicherinhalt gelöscht wird, sind nicht in
> Befehlsketten erlaubt (E, H, O, Q-Befehle, vgl. 10.6), da bei einem versehentlichen
> Eingeben der gesamte Editiervorgang wiederholt werden müßte. Diese Befehle sind
> somit immer einzeln einzugeben.

Beispiel 10.17

Es wird von der Datei ADD.BAS (Beispiel 10.14, Kap. 10.3.10) ausgegangen und folgende Befehls-Kette
eingegeben:

```
ED␣B:ADD.BAS ↵
  #A #T J2Ø␣ CTRL Z  Z = EXP(X + Y) CTRL Z * CTRL Z  CTRL E
  J2 CTRL Z ␣ CTRL Z CTRL L  CTRL Z  B #T ↵
```

Mit Hilfe dieser Befehlskette wird die Datei ADD.BAS von der Diskette im Laufwerk B in den Arbeitsspeicher geladen (#A) und auf dem Sichtschirm angezeigt (#T). Anschließend an die Zeichenfolge
„2Ø␣" wird die Zeichenfolge „Z = EXP(X + Y)" eingefügt und alle folgenden Zeichen bis zur Zeichenfolge „*" gelöscht. Mit Hilfe von $\boxed{\text{CTRL}\;\text{E}}$ wird in eine neue Befehlszeile übergegangen.

Hier wird ebenfalls der J-Befehl angewendet. Es wird die nächste „2" gesucht, ein „ ␣ " eingefügt und
bis zum nächsten Zeilenende-Zeichen (CTRL-L) alle Zeichen gelöscht. Dann wird der CP auf den Anfang der 1. Zeile gesetzt (B) und die gesamte Datei angezeigt (#T). Die gesamte Befehlskette wird ausgeführt, wenn die RETURN-Taste ↵ gedrückt wird.

Es wird dann folgendes ausgegeben:

```
1:1Ø␣INPUT␣X, Y
2:2Ø␣Z = X * Y
3:25␣Z = X/Y
4:3Ø␣PRINT␣X, Y, Z
5:4Ø␣STOP
6:5Ø␣END
1:1Ø␣INPUT␣X, Y
2:2Ø␣Z = EXP(X + Y) * Y
3:2
4:3Ø␣PRINT␣X, Y, Z
5:4Ø␣STOP
6:5Ø␣END
```

Beispiel Nr. 10.18

Nr.	Befehlskette	Erläuterung
1	3CØT ↵	Der CP wird vom aktuellen Stand aus um 3 *Zeichen* vorgerückt (3C) und die Zeile vom Anfang der Zeile bis zum CP angezeigt (ØT).
2	– 5 L – T ↵	Der CP wird vom aktuellen Stand aus um 5 Zeilen zurück an den Anfang dieser Zeile positioniert (– 5 L) und die davor liegende Zeile angezeigt (– T).
3	# AFI [CTRL Z] ØT ↵	Übertragen einer Datei von der Diskette in den Arbeitsspeicher (#A). Der CP steht am Anfang der 1. Zeile. Suchen des ersten Buchstaben I und anzeigen dieser Zeile, in der das I gefunden wurde, vom Anfang der Zeile bis zum Buchstaben I (ØT).
4	– 5CIPRINT ↵	Der CP wird, ausgehend von der aktuellen Position, um 5 Zeichen zurückpositioniert (– 5C) und die Zeichenfolge PRINT eingefügt.
5	5SX [CTRL Z] ∗∗∗ [CTRL Z] B # T ↵	Ausgehend von der aktuellen Position des CP werden die nächsten 5 Buchstaben X durch jeweils ∗∗∗ ausgetauscht, der CP an den Anfang der Datei positioniert (B) und die gesamte Datei auf dem Sichtschirm ausgegeben.
6	5DIINPUT [CTRL Z] ØLT ↵	Löschen von 5 Zeichen rechts von der aktuellen Position des CP (5D). Einfügen der Zeichenfolge INPUT, Positionieren des CP an den Anfang der Zeile (ØL) und Ausgabe der Zeile (T).

10.5 Wiederholung von Befehlsketten

Die Befehlskette (Kap. 10.4) wird i. a. Befehl für Befehl abgearbeitet, bis der letzte Befehl erreicht ist. Dann wird die Befehlsbearbeitung abgebrochen.

Mit Hilfe eines speziellen Editor-Befehls kann die Befehlskette wiederholt durchlaufen werden.

> **Die allgemeine Form des Editor-Befehls zur Wiederholung einer Befehlskette ist:**
>
> **nM Befehlskette ↵**

Hierbei ist.

M	der Befehlsschlüssel zur Wiederholung einer Befehlskette.
Befehlskette	die zu wiederholende Befehlskette.
n	die Anzahl der Wiederholungen. Wird n = Ø oder n = 1 gesetzt oder wird für n gar keine Zahl angegeben, so wird die Befehlsfolge so lange wiederholt, wie die Ausführung möglich ist (z. B. bis zum Dateiende).

10.6 Dateiübertragungsbefehle

Mit diesen Editor-Befehlen werden Dateien von den Disketten in den Arbeitsspeicher gebracht bzw. umgekehrt. Einige Befehle sind schon in anderem Zusammenhang erläutert worden (vgl. Kap. 10.2.3). Aus Gründen der Vollständigkeit wurden sie hier auch noch einmal mit aufgeführt.

Befehl	Erläuterung
n A ↵	Mit Hilfe des A-Befehls, (vgl. Kap. 10.3.1) werden n Zeilen der Datei von der Diskette in den Arbeitsspeicher (ED-Puffer) geladen.
nW ↵	Mit Hilfe des W-Befehls (W Kurzform für engl. WRITE, d. h. schreiben) werden n Zeilen einer Datei vom Arbeitsspeicher auf eine Diskette geladen. Auf diese Weise kann man den Arbeitsspeicher leeren, so daß dieser wieder frei für weitere Textzeilen wird.
E ↵	Mit Hilfe des E-Befehls (E Kurzform für engl. END, d. h. Ende) wird die Editierung im Normalfall beendet, d.h. es meldet sich anschließend das CP/M-Betriebssystem. Die im Arbeitsspeicher befindlichen Textzeilen werden inklusive aller Änderungen auf einer Diskette gespeichert. Die Originaldatei wird zur Sicherungsdatei (BAK), die geänderte Datei zur neuen Quelldatei.
H ↵	Mit Hilfe des H-Befehls wird der Editor beendet und wieder neu gestartet. Dabei wird der Inhalt des Arbeitsspeichers in Form einer Hilfsdatei auf einer Diskette gespeichert. Dies ist sehr nützlich, wenn man Eingaben bzw. Änderungen von Dateien zwischenzeitlich durch Speichern auf einer Diskette sichern möchte. Der Editiervorgang wird nicht abgeschlossen. Weitere Änderungen am Inhalt der Originaldatei sind sofort möglich.
O ↵	Mit Hilfe des O-Befehls (O ist eine Kurzform für engl. OMIT, d.h. unterlassen, auslassen ignorieren) wird die Editierung abgebrochen. Die Quelldatei bleibt unverändert. Die Kontrolle wird nicht von CP/M übernommen. Es ist weiterhin der Editor bereit zur Aufnahme weiterer Editor-Befehle. Dieser Befehl ist nützlich, wenn die Editierung von Anfang an wiederholt werden soll. Da dieser Befehl, irrtümlich gegeben, große Folgen haben kann, ist i.a. noch einmal zu bestätigen, daß man die Ausführung dieses Befehls wünscht.
Q ↵	Mit Hilfe des Q-Befehls (Q = Kurzform für engl. Quit, d. h. aufgeben, verzichten) wird die Editierung beendet. Die Quelldatei bleibt unverändert. Die Kontrolle wird CP/M übergeben. Auch hier wird wegen der weitreichenden Konsequenzen bei einer irrtümlichen Abgabe dieses Befehls i. a. noch einmal vom System gefragt, ob der Befehl wirklich gegeben werden soll.

10.7 Ermittlung des freien Speicherplatzes im Arbeitsspeicher

Die freie Speicherplatzkapazität *auf den Disketten* konnte mit Hilfe des STAT-Kommandos
ermittelt werden. Die freie Speicherkapazität *im Arbeitsspeicher* kann hingegen mit Hilfe
eines speziellen Editor-Befehls ermittelt werden.

Mit Hilfe des Editor-Befehls

> **ØV ↵**

**kann die momentane freie Arbeitsspeicherkapazität und die Gesamtgröße des Ar-
beitsspeichers ermittelt werden.**
**Die Ausgabe erfolgt in Form von zwei Zahlenwerten, die durch einen Schrägstrich
getrennt werden.**

aktuelle freie Speicherkapazität (in Byte)	Gesamtgröße des Arbeitsspeichers (in Byte)

Beispiel 10.19

Nr.	Eingabe	Ausgabe	Erläuterung
1	ED⌴B:ADD.BAS ↵ # A ↵ Ø V ↵ Q ↵ Y ↵	:* 1:* 27Ø28/27Ø99 1:* Q-(Y/N)? A >	Aufruf der Datei ADD.BAS mit Hilfe des Editors (ED). Übertragen der Datei von der Diskette in Laufwerk B in den Arbeitsspeicher (# A). Mit Hilfe des Befehls ØV wird die freie, z. Z. verfügbare Arbeitsspeicherkapazität ausgegeben (hier z.B. 27Ø28 Bytes), sowie die Gesamtgröße des Arbeitsspeichers (hier z. B. 27Ø99 Bytes). Da die Datei nicht verändert werden soll, wird der Editiervorgang mit dem Befehl Q (vgl. Kap. 10.6) abgebrochen. Der Befehl ist vor der Ausführung mit Y (engl. yes, d. h. ja) zu quittieren.
2	ED⌴B:RATE.FOR ↵ # A ↵ Ø V ↵ Q ↵ Y ↵	:* 1:* 26722/27Ø99 1:* Q-(Y/N)? A >	Es wird hier eine andere Datei (RATE.FOR) aufgerufen und in den Arbeitsspeicher übertragen. Die Zahlenwerte zeigen, daß diese Datei umfangreicher ist als die Datei ADD.BAS. Freier Speicherplatz: 26 722 Bytes. Gesamtverfügbarer Speicherplatz: 27Ø99 Bytes.

10.8 Fehlermeldungen beim Editieren

10.8.1 Datenübertragungsfehler

Zur Bearbeitung von Dateien mit Hilfe des Editors müssen die Dateien von einer Diskette in
den Arbeitsspeicher des Mikrocomputers gebracht werden. Während dieser Übertragung
können diese Daten z. B. durch Störungen verfälscht werden. Es ist aber auch möglich, daß
die Datei auf der Diskette verfälscht wurde. Um die Verfälschung von Dateien zu erkennen,
fügt man den Daten schon bei der Erzeugung ein sog. Prüfbyte hinzu (CRC ist die engl.
Kurzform für Cyclic Redundancy Check, d. h. zyklische Redundanzprüfung, wiederholte
Prüfung des Prüfbytes). Werden später die Daten von der Diskette in den Arbeitsspeicher

geladen, so lassen sich aus den übertragenen Daten nach den gleichen Gesetzmäßigkeiten zur Prüfung Codes ableiten, die im Falle der richtigen Übertragung mit den Prüfbytes übereinstimmen müssen. Falls dies nicht der Fall ist, führt dies zu einer Fehlermeldung.

Wird ein Datenübertragungsfehler beim Lesen einer Datei von einer Diskette festgestellt, so wird folgende Fehlermeldung ausgegeben:

PERM␣ERR␣DISK␣Laufwerksangabe

PERM ERR   gibt den Datenübertragungsfehler an
DISK Laufwerk gibt das Laufwerk der *Diskette* an, von dem die Daten falsch übertragen
               wurden.

Der Anwender kann auf zwei Arten auf die Fehlermeldung reagieren:

● **Drücken einer beliebigen Taste**
  Der Datenübertragungsfehler wird ignoriert.

Der Anwender muß dann jedoch den Inhalt der Datei mit Hilfe von Editor-Befehlen überprüfen und korrigieren.

● **Warmstart des CP/M-Systems (Drücken von CTRL-C)**

Dadurch wird das CP/M-System erneut gestartet (Bereitschaftsmeldung A >). Es sollte dann noch einmal versucht werden, die Daten zu übertragen, um sicher zu sein, daß es keine kurzfristige Störung während der Übertragung war, die zum Fehler führte, sondern ein dauerhafter Fehler z. B. auf der Diskette.

Sollte sich nach der zweiten Datenübertragung wieder die gleiche Fehlermeldung ergeben, kann man i.a. davon ausgehen, daß die Daten dauerhaft verfälscht wurden. In diesem Fall wird man vermutlich froh sein, daß CP/M automatisch eine Sicherungsdatei (Dateihauptname .BAK, vgl. Kap. 10.2.2) anlegt.

Diese Sicherungsdatei sollte ebenfalls überprüft werden, ob sie nicht auch verfälscht wurde. Eine Möglichkeit bietet das TYPE-Kommando (vgl. Kap. 12). Ist die Sicherungsdatei in Ordnung, kann die verfälschte Originaldatei gelöscht werden (z. B. mit Hilfe des ERA-Kommandos, vgl. Kap. 14). Durch Umbenennung der Sicherungsdatei kann anschließend wieder eine korrekte Originaldatei erzeugt werden (Umbenennung mit Hilfe des REN-Kommandos, vgl. Kap. 15).

Ist die Sicherungsdatei ebenfalls verfälscht, muß die Datei mit Hilfe des Editors korrigiert werden.

10.8.2 Fehlermeldungen bei der Ausführung der Editor-Befehle

Nach der Datenübertragung der Dateien in den Arbeitsspeicher werden die verschiedensten Editor-Befehle ausgeführt. Hierbei können die verschiedenartigsten Fehlerarten auftreten.

> **Fehler während der Editierung werden wie folgt angezeigt:**
>
> | BREAK␣"f"␣AT␣z |
> | --- |
>
> **Hierbei ist:**
> **BREAK:** die Fehlermeldung (engl. break, d. h. Abbruch),
> **f** : eine von vier Fehlerarten,
> **z** : Befehl, bei dem der Fehler auftrat (wichtig insbesondere bei Befehls-
> ketten) bzw. letztes Zeichen vor Erreichen des Fehlers.

Folgende 4 Fehlerarten werden unterschieden:

Nr.	Fehlerart	Fehlercode f
1	**Fehlerhafte Eingabe des Befehls.** Fehlerbeseitigung: Formalen Fehler suchen und korrekten Befehl neu eingeben.	?
2	● **Arbeitsspeicher voll.** Fehlerbeseitigung: Arbeitsspeicherbelegung verringern, z. B. mit Hilfe der Editor- Befehle W, K, D o. ä. ● **Zeichenfolge zu lang (max. 100 Zeichen z. B. in F- und S- Befehlen).** Fehlerbeseitigung: Kürzere Zeichenkette wählen. Eventuell Befehl in mehreren Schritten wiederholen.	>
3	Es gibt eine Reihe von Editor-Befehlen, die einen Wiederholungs- faktor n enthalten, d. h. eine Zahl, die angibt, wie oft der Befehl zu wiederholen ist (z. B. F und S-Befehl) **Wenn der Befehl jedoch nicht so häufig ausgeführt werden kann, wie es der Befehl vorgibt, wird der nebenstehende Fehlercode ausgegeben.** Diese Fehlermeldung führt i. a. zu keinen Konsequenzen, ins- besondere, wenn der Befehl so häufig wie möglich wiederholt werden sollte, um die gesamte Datei zu bearbeiten und somit absichtlich ein zu großer Wiederholungsfaktor gewählt wurde.	#
4	Bei der Anwendung des R-Befehls (vgl. Kap. 10.3.12) werden Bibliotheksdateien in eine bestehende Datei eingefügt. **Ist die Bibliotheksdatei noch nicht vorhanden, da sie z. B. noch nicht erzeugt wurde, so wird der nebenstehende Fehlercode ausgegeben.** Fehlerbeseitigung: Prüfen, ob eine Bibliotheksdatei mit dem Ergänzungsnamen LIB existiert (DIR-Kommando) und nötigenfalls neu erzeugen.	O

10.9 Zusammenfassung

Mit Hilfe des Editors können

- Dateien neu erstellt und
- Dateien geändert werden.

Dazu dienen verschiedene Editor-Befehle.

Der Editor wird mit folgendem ED-Kommando von der Systemdiskette in Laufwerk A aufgerufen und in den Arbeitsspeicher des Mikrocomputers geladen:

> ED␣Laufwerksangabe:Dateiname

Nach dem Ladevorgang meldet sich der Editor mit dem Editor-Bereitschaftszeichen:

> : *

Der Editor wartet nun auf die Eingabe eines Editor-Befehls.

1 Erzeugen neuer Dateien

1.1 Einrichten neuer Dateien

Wenn eine Datei neu eingerichtet werden soll, ist der Dateiname im ED-Kommando gleichzeitig der Name der neu zu erzeugenden Datei. Sie wird als leere Datei auf der Diskette in dem Laufwerk eingerichtet, das im ED-Kommando angegeben wurde.

Außerdem richtet der Editor eine leere Hilfsdatei auf der gleichen Diskette zum Zwischenspeichern der Eingaben mit dem Dateinamen

> Dateihauptname.$$$

ein.

1.2 Eingabe von Daten in eine neue Datei

Zur Eingabe von Daten in eine neue Datei wird der Editor-Befehl

> I

verwendet.

Dann folgt die zeilenweise Eingabe der einzugebenden Daten. Jede Zeile muß durch Drücken der RETURN-Taste abgeschlossen werden.

Der gesamte Eingabevorgang wird durch Eingabe des Steuerzeichens CTRL Z beendet.

1.3 Beendung des Editiervorgangs

Der Arbeitsspeicherinhalt wird mit Hilfe des Editor-Befehls

> E

in die entsprechende Datei auf der vorher bezeichneten Diskette übertragen. Das Editor-Kommando ED wird damit beendet und es meldet sich anschließend wieder das CP/M-Betriebssystem bereit.

Zur zwischenzeitlichen Sicherung von Eingaben mit Hilfe des Editors empfiehlt sich die Anwendung des Editor-Befehls

Er beendet den Editiervorgang, speichert dabei die Eingaben dauerhaft auf der Diskette und startet ohne Zutun des Anwenders den Editor anschließend neu.

2 Änderung von vorhandenen Dateien

Bei Änderungen vorhandener Dateien müssen folgende Aufgaben bewältigt werden:
— Quelldateien von der Diskette in den Arbeitsspeicher bringen.
— Zu ändernde Stellen in der Datei kennzeichnen.
— Anzeigen von Dateizeilen und Dateibereichen.
— Änderungen vornehmen.
— Geänderte Dateien vom Arbeitsspeicher auf die Diskette bringen.
— Editiervorgang beenden.

Für diese Aufgaben existieren entsprechende Editor-Befehle.

2.1 Dateien von der Diskette in den Arbeitsspeicher übertragen

Der Dateiübertragungsbefehl hat die allgemeine Form:

$$\boxed{\text{nA}}$$

Hierbei ist:

n	die Anzahl der zu übertragenden Dateizeilen (n = ganze Zahl). — n kann entfallen, wenn nur eine Zeile zu übertragen ist. — n kann maximal 65535 sein. — Sollen Dateizeilen bis zu 65535 Zeilen übertragen werden, so kann anstelle einer Zahl das Sonderzeichen # eingegeben werden.
A	Befehlsschlüssel zur Übertragung von Dateizeilen von einer Diskette zum Arbeitsspeicher.

2.2 Kennzeichnung von Stellen in Dateien

Zur Kennzeichnung einer bestimmten Stelle in einer Datei dient bei CP/M ein symbolisches Zeichen, der sog. Zeichen Zeiger (engl. character-pointer, kurz CP genannt).

Der CP kennzeichnet gleichzeitig mit der Positionierung zwischen zwei Zeichen auch die Zeile. Die Zeile, in der der CP steht, ist die Zeile, auf die positioniert ist.

Der CP läßt sich mit folgenden Editor-Befehlen innerhalb einer Datei positionieren.

± B	Positionieren des CP an den Anfang (+ B) bzw. an das Ende (− B) der Datei.
± nL	Positionieren des CP um n *Zeilen* vorwärts (+) bzw. rückwärts (−).
± nC	Positionieren des CP innerhalb einer Zeile um n *Zeichen* nach rechts (+) bzw. links (−).

Das + Zeichen kann im allgemeinen entfallen.

2.3 Anzeigen von Dateizeilen und Dateibereichen auf dem Sichtschirm

Der Editor-Befehl zum Anzeigen von Dateizeilen hat die allgemeine Form

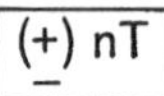

Hierbei ist

n   die Zahl der anzuzeigenden Dateizeilen ab der aktuellen Position des CP.
      n kann entfallen, wenn nur eine Zeile anzuzeigen ist.
      Sollen Dateizeilen bis zu einer Größe von 65535 auf dem Sichtschirm angezeigt
      werden, so kann anstelle einer Zahl das Sonderzeichen # eingegeben werden.

T   Befehlsschlüssel zur Anzeige von Dateizeilen auf dem Sichtschirm.

(+)   + bzw. kein Vorzeichen zeigt n Zeilen *nach* der aktuellen Position des CP an
      (das positive Vorzeichen Vorzeichen entfällt in der Regel).

—   zeigt n Zeilen *vor* der aktuellen Position des CP an.

2.4 Positionierung auf Zeilen einer Datei mit gleichzeitiger Ausgabe auf dem Sichtschirm

Eine häufig vorkommende Aufgabe ist das Aufsuchen *und* Anzeigen einer bestimmten Zeile oder eines Zeilenbereiches einer Datei, um dort Fehler zu suchen und Änderungen vorzunehmen. In CP/M gibt es dazu gleich zwei Möglichkeiten:

— Positionieren und Anzeigen in Abhängigkeit vom aktuellen Stand des CP.
— Positionieren und Anzeigen in Abhängigkeit von der tatsächlichen Lage der Zeile
   bzw. des Zeilenbereiches innerhalb der Datei.

● Der Editor-Befehl zum Positionieren und Anzeigen von Dateizeilen in Abhängigkeit vom aktuellen Stand des CP hat die allgemeine Form:

n	n ist eine ganzzahlige Zahl. Dieser Editor-Befehl zeigt die n-te Zeile *nach* dem aktuellen Stand des CP an.
− n	Dieser Editor-Befehl zeigt die n-te Zeile *vor* dem aktuellen Stand des CP an.

● Der Editor-Befehl zum Positionieren und Anzeigen von Dateizeilen bzw. Dateizeilenbereichen in Abhängigkeit von der tatsächlichen Lage innerhalb der Datei hat die allgemeine Form:

n : T	n ist eine ganzzahlige Zahl. Dieser Editor-Befehl zeigt die n-te Zeile ab Zeilenanfang einer Datei an.
n1 : : n2T	Dieser Editor-Befehl zeigt den Zeilenbereich ab Zeile n1 bis Zeile n2 einer Datei an.

2.5 Löschen von Zeichen in Dateizeilen

Der Editor-Befehl zum Löschen von Zeichen in Dateizeilen hat die allgemeine Form:

nD	Mit Hilfe dieses Editor-Befehls kann man n Zeichen *rechts* vom CP löschen.
− nD	Mit Hilfe dieses Editor-Befehls kann man n Zeichen *links* vom CP löschen.

Auch das Zeilenendezeichen ↵ , bestehend aus den 2 Zeichen cr (Wagenrücklauf) und lf (Zeilenvorschub), kann gelöscht werden.

Falls nur ein Zeichen gelöscht werden soll, kann n entfallen.

2.6 Einfügen von Zeichen in Dateizeilen

Der Editor-Befehl zum Einfügen von Zeichen in Dateizeilen hat die allgemeine Form:

> I Einzufügende Zeichen │ CTRL │ Z │

Mit Hilfe dieses Editor-Befehls werden die Zeichen, die zwischen dem Befehlsschlüssel I und dem Steuerzeichen │ CTRL │ Z │ liegen, *vor* dem aktuellen Stand des CP und hinter dem letzten Zeichen vor dem CP eingefügt.

2.7 Löschen von Dateizeilen

Der Editor-Befehl zum Löschen von Dateizeilen hat die allgemeine Form:

nK	Mit Hilfe des Befehls nK werden n Zeilen nach dem CP gelöscht.
−nK	Mit Hilfe des Befehls −nK werden n Zeilen vor dem CP gelöscht.

2.8 Einfügen von Dateizeilen

Der Editor-Befehl zum Einfügen von Dateizeilen ist der bekannte I-Befehl:

```
I
Einzufügende Zeile 1
  :
  :
Einzufügende Zeile n
CTRL Z
```

Die Zeilen werden direkt vor dem aktuellen CP eingefügt. Steht der CP am Anfang einer Zeile, so bedeutet es, daß die einzufügenden Zeilen *vor* der zur Zeit aktuellen Zeile eingefügt werden.

2.9 Aufsuchen von Zeichen und Zeichenfolgen

Der Editor-Befehl zum Aufsuchen von Zeichen und Zeichenfolgen hat die allgemeine Form:

> nF Zeichenfolge

Hierbei ist:

F der Befehlsschlüssel zum Aufsuchen von Zeichen und Zeichenfolgen.

n Es wird das n-te Zeichen bzw. die n-te Zeichenfolge, ausgehend von der aktuellen Position des CP, gesucht (in Richtung steigender Zeilennummerierung). Wird die Zeichenfolge gefunden, wird der CP hinter das letzte Zeichen der Zeichenfolge positioniert.

Wird keine derartige Zeichenfolge gefunden, erscheint eine Fehlermeldung.

2.10 Der Editor-Befehl zum Austauschen von Zeichen und Zeichenfolgen hat die allgemeine Form

```
    nS  alte Zeichenfolge  CTRL Z  neue Zeichenfolge
```

Mit Hilfe dieses Befehls kann eine Zeichenfolge (alte Zeichenfolge) gegen eine andere Zeichenfolge (neue Zeichenfolge) ausgetauscht werden. Der Befehlsschlüssel dazu ist S.

Die Zeichenfolgen brauchen nicht gleich lang zu sein.

Der Austausch beginnt ab der aktuellen Position des CP.

Die Zahl n gibt an, wie häufig das Austauschkommando ausgeführt werden soll.

2.11 Der Editor-Befehl zum Finden von Zeichenfolgen mit anschließendem Einfügen von Zeichenfolgen und Löschen bis zu einer bestimmten Zeichenfolge hat die allgemeine Form:

```
    nJ Zeichenfolge 1  CTRL Z  Zeichenfolge 2  CTRL Z  Zeichenfolge 3
```

Ausgehend von der aktuellen Position des CP wird die Zeichenfolge 1 gesucht. Hinter das letzte Zeichen der Zeichenfolge 1 wird die Zeichenfolge 2 eingefügt und anschließend alle weiteren Zeichen bis zum 1. Zeichen der Zeichenfolge 3 gelöscht. Das 1. Zeichen der Zeichenfolge 3 selbst wird nicht gelöscht.

Mit Hilfe dieses Editor-Befehls ist ein Austausch längerer Zeichenfolgen möglich, ohne selbst diese längere Zeichenfolge eingeben zu müssen.

Es sind nur die „Grenzen" der langen Zeichenfolge mit Hilfe der Zeichenfolge 1 und Zeichenfolge 3 anzugeben.

2.12 Einfügen von Bibliotheksdateien

Bibliotheksdateien sind allgemein verwendbare Quelldateien.

Sie besitzen einen frei wählbaren Dateihauptnamen mit dem standardmäßig festgelegten Dateiergänzungsnamen LIB. Die allgemeine Form ist:

```
    Dateihauptname.LIB
```

Während des Editierens kann eine Bibliotheksdatei in eine andere schon im Arbeitsspeicher vorhandene Datei eingefügt werden. Dazu dient der Editor-Befehl:

```
    RDateihauptname
```

Der Inhalt der Bibliotheksdatei wird an der Stelle in die im Arbeitsspeicher vorhandene Datei eingefügt, an der der CP steht.

2.13 Editor-Befehlsketten

Eine Befehlskette ist eine Folge von lückenlos aufenanderfolgenden (Editor-)Befehlen. CP/M erlaubt die Formulierung von Befehlsketten.

Eine Befehlskette wird erst ausgeführt, wenn die RETURN-Taste gedrückt wird.

Sind Zeichenfolgen in den Befehlen der Befehlskette vorhanden, so wird das Ende der Zeichenfolge durch das Steuerzeichen CTRL Z gekennzeichnet.

In einer Zeichenfolge ist das RETURN-Zeichen durch das Steuerzeichen $\boxed{\text{CTRL}\,|\,\text{L}}$ zu ersetzen.

Die Befehlskette darf höchstens 128 Zeichen umfassen.

Der Übergang zu einer neuen Befehlszeile wird mit Hilfe des Steuerzeichens $\boxed{\text{CTRL}\,|\,\text{E}}$ bewerkstelligt.

Der E, H, O und Q-Befehl ist in Befehlsketten nicht erlaubt.

2.14 Wiederholung von Befehlsketten

Die allgemeine Form des Editor-Befehls zur Wiederholung von Befehlsketten ist:

> nM Befehlskette

Die angegebene Befehlskette wird n-mal wiederholt.

2.15 Dateiübertragungsbefehle

Befehl	Erläuterung
nA	Es werden n Zeilen einer Datei von der Diskette in den Arbeitsspeicher geladen.
nW	Es werden n Zeilen vom Arbeitsspeicher auf eine Diskette geladen.
E	Normale Beendigung des Editierens.
H	Editieren beenden und Editor neu starten.
O	Editieren beenden unter Beibehaltung des Inhalts der Originaldatei. Ohne Neustart des Editors kann der Editiervorgang wiederholt werden.
Q	Editieren beenden unter Beibehaltung des Inhalts der Originaldatei. Die Kontrolle wird an CP/M übergeben.

2.16 Ermittlung des freien Speicherplatzes im Arbeitsspeicher

Mit Hilfe des Editor-Befehls

> ØV

kann die momentane freie Arbeitsspeicherkapazität und die Gesamtgröße des Arbeitsspeichers ermittelt werden.

2.17 Fehlermeldungen beim Editieren

● Wird ein Datenübertragungsfehler beim Lesen einer Datei von einer Diskette festgestellt, so wird folgende Fehlermeldung ausgegeben:

> PERM␣ERR␣DISK␣Laufwerk

– Durch Drücken einer beliebigen Taste wird der Datenübertragungsfehler ignoriert.

– Durch Eingabe des Steuerzeichens $\boxed{\text{CTRL}\,|\,\text{C}}$ wird das CP/M-System erneut gestartet. Falls wieder ein Datenübertragungsfehler gemeldet wird, liegt der Verdacht nahe, daß die Datei auf der Diskette verfälscht wurde. Es muß versucht werden, aus der Sicherungsdatei eine korrekte Quelldatei zu erstellen.

- Fehler während der Editierung werden wie folgt angezeigt:

```
BREAK␣'f'␣AT␣Z
```

Hierbei gibt f die Fehlerart und Z das letzte Zeichen vor Erreichen des Fehlers an. Es werden dabei 4 Fehlerarten unterschieden:

Nr.	f	Erläuterung
1	?	Fehlerhafte Eingabe des Befehls.
2	>	Arbeitsspeicher voll oder Zeichenfolge zu lang.
3	#	Befehl kann nicht so häufig ausgeführt werden wie es der Befehl fordert.
4	O	Bibliotheksdatei bei Anwendung des R-Befehls nicht vorhanden.

10.10 Übungsaufgaben

Die Lösungen der folgenden Übungsaufgaben finden Sie in Kap. 19.

Aufgabe 10.1

Welche Editor-Aufrufe sind richtig bzw. falsch?

Nr.	Editor-Aufruf	richtig	falsch	Erläuterung
1	ED␣ADD.BAS ↵	O	O	
2	ED ↵	O	O	
3	ED␣ADD. ↵	O	O	
4	ED␣B.ADD ↵	O	O	
5	ED␣ADD ↵	O	O	

Aufgabe 10.2

Was versteht man unter einem

a) Systembereitschaftszeichen?
b) Editorbereitschaftszeichen?
c) Wie sehen diese Bereitschaftszeichen bei CP/M aus?

Aufgabe 10.3

Geben Sie ein allgemeines Schema zur Erzeugung einer neuen Datei mit dem Namen BSP.TXT auf einer Diskette in Laufwerk B an. Die Datei soll mehrere Datenzeilen besitzen.

Aufgabe 10.4

Geben Sie den Editor-Befehl an, mit dem Sie eine ganze Datei (max. 65535 Zeilen) von einer Diskette (von dem jeweils zugeschalteten Laufwerk) in den Arbeitsspeicher (ED-Puffer) bringen können.

Aufgabe 10.5

Was bewirken folgende Editor-Befehle?

Nr.	Befehl	Erläuterung
1	1∅ T ↵	
2	– B ↵	
3	∅ L ↵	
4	∅ T ↵	
5	C ↵	
6	6 ↵	
7	6:T ↵	
8	6: :11T ↵	

Aufgabe 10.6

Geben Sie den Editor-Befehl an, mit dem Sie

a) 5 Zeichen

b) 5 Zeilen

hinter dem CP löschen können.

Aufgabe 10.7

Sie möchten in den Text

ICH⌴CP/M

den Text

LERNE⌴

zwischen ICH⌴ und CP/M einfügen. Der CP möge vor dem Buchstaben I stehen. Geben Sie den entsprechenden Editor-Befehl an.

Aufgabe 10.8

Der CP steht am Anfang folgender Zeile

ICH⌴LERNE⌴CP/M

Positionieren Sie den CP mit Hilfe des F-Befehls hinter das zweite E.

Aufgabe 10.9

Geben Sie den Befehl an, mit dem Sie den Text LERNE in Aufgabe 10.7 gegen UEBE austauschen können. Der CP möge am Anfang des Textes stehen.

Aufgabe 10.10

Welchen Dateiergänzungsnamen haben Bibliotheksdateien?

Aufgabe 10.11

An welcher Stelle werden Bibliotheksdateien in die im Arbeitsspeicher vorhandenen Dateien eingefügt?

Aufgabe 10.12

Was bewirken folgende Befehlsketten?

Nr.	Kommandokette	Erläuterung
1	B # T ↵	
2	− 2 LT ↵	
3	B1ØC5DIHEIDI[CTRL][Z] ↵	

Aufgabe 10.13

Nr.	Aufgabe	Kommandokette
1	Geben Sie eine Kommandokette an, die folgendes bewirkt: Positionieren des CP an den Anfang der Datei. Suchen der ersten Zeichenfolge HEIDI ab Anfang der Datei, Löschen dieser Zeichenfolge und einfügen der Zeichenfolge AUTO.	
2	Geben Sie eine Kommandokette an, die folgendes bewirkt: CP an den Anfang der Datei stellen, den ersten Buchstaben O suchen, löschen und durch I ersetzen, CP an den Anfang der nächsten Zeile setzen, in die nächste *Befehlszeile* übergehen, den nächsten Buchstaben A gegen X austauschen, den CP an den Anfang der ersten Zeile setzen und 2 Zeilen ausdrucken.	

Aufgabe 10.14

Sie haben editiert. Auf dem Sichtschirm ist das Editor-Bereitschaftszeichen : * zu erkennen. Sie geben nun den Befehl

Q ↵

Was bewirkt dieser Befehl?

Aufgabe 10.15

Wie können Sie die aktuelle freie Speicherkapazität ermitteln?

Aufgabe 10.16

Wie meldet sich CP/M, wenn der Arbeitsspeicher voll ist? Das Zeichen, bei dem die Überfüllung auftritt, sei Q.

11 Das PIP-Kommando

11.1 Aufgaben des PIP-Kommandos

Das PIP-Kommando ist ein von der Systemdiskette ladbares Kommando (vgl. Kap. 4.4.2).
Es dient zum Datenaustausch zwischen peripheren (externen) Geräten des Mikrocomputers
(PIP ist eine Kurzform für die englischen Worte: Peripheral Interchange Program, d. h. Datenaustauschprogramm für die Mikrocomputerperipherie).

> **Das PIP-Kommando dient zur Übertragung von Dateien zwischen zwei pheripheren Geräten des Mikrocomputers.**

Es können z. B. mit Hilfe des PIP-Kommandos

- Dateien von einem Diskettenlaufwerk zu einem anderen übertragen werden (Kopieren von Dateien) oder
- Dateien von einem Diskettenlaufwerk zu einem Drucker übertragen werden (Drucken von Dateien).

Diese beiden beispielhaft genannten Datenübertragungen sind wohl die in der Praxis am häufigsten vorkommenden Datenübertragungswünsche. Es sind jedoch auch Datenübertragungen zwischen beliebigen externen Geräten mit Hilfe von PIP möglich (Lochstreifenstanzer, -leser, Lochkartenstanzer, -leser, Modems usw.).

> **Das PIP-Kommando bietet außerdem weitere Möglichkeiten zur Dateibehandlung.**

Dazu gehört u. a.:

- Das Verketten von Dateien (engl. concatenation).
- Das formatierte Ausdrucken von Texten (Festlegung der Zeilenzahl pro Seite, automatischer Seitenverschub, Zeilennummerierung und dgl.)

In diesem Buch sollen die beiden wichtigsten Datenübertragungswünsche behandelt werden:
— das Kopieren von Dateien und
— das Ausdrucken von Dateien.

Das Daten sendende Gerät ist in beiden Fällen ein Diskettenlaufwerk.

11.2 Kopieren von Dateien

In der Praxis wird es erforderlich sein,

- mehrere Dateien verschiedener Art bzw.
- mehrere Dateien gleicher Art (Dateigruppen) oder
- einzelne Dateien

zu kopieren.

11.2.1 Kopieren von mehreren Dateien verschiedener Art

> Die allgemeine Form des Kommandos zum Kopieren mehrerer Dateien verschie-
> dener Art ist:
>
> **PIP** ↵
> **Kopierauftrag 1** ↵
> **Kopierauftrag 2** ↵
>
> :
> :
>
> **Kopierauftrag n** ↵
>   ↵

Nach Eingabe des Schlüsselwortes PIP wird die RETURN-Taste gedrückt. Anschließend
meldet sich das PIP-Kommando bereit zur Aufnahme der Kopieraufträge (PIP-Bereitschafts-
zeichen *). Ein Kopierauftrag wird eingegeben und mit RETURN abgeschlossen. Ist der Auf-
trag bearbeitet, meldet sich das Datenaustauschprogramm PIP wieder bereit zur Aufnahme
des nächsten Kopierauftrages usw. Möchte man keinen Kopierauftrag mehr eingeben, drückt
man einfach die RETURN-Taste und das PIP-Kommando wird beendet. Es meldet sich anschließend das CP/M-Betriebssystem mit dem Bereitschaftszeichen A >. Die allgemeine Form
der einzelnen Kopieraufträge wird in Kap. 11.2.4 besprochen.

11.2.2 Kopieren von einzelnen Dateien

> Die allgemeine Form des Kopierkommandos für einzelne Dateien ist ein Spezial-
> fall des Kommandos zum Kopieren mehrerer Dateien.
> **Somit ergibt sich die Form:**
>
> > **PIP** ↵
> > **Kopierauftrag** ↵
> >   ↵
>
> Es ist jedoch auch eine komprimiertere Kommandoeingabe wie folgt möglich:
>
> > **PIP⌴Kopierauftrag** ↵

11.2.3 Kopieren von Dateigruppen

Das Kommando zum Kopieren einer Dateigruppe ist formal so aufgebaut, wie das Kommando
zum Kopieren einer einzelnen Datei. Der Unterschied besteht nur im Kopierauftrag, bei dem
die Dateinamen *Dateigruppenzeichen* beinhalten (vgl. Kap. 6.4 und 11.2.5).

11.2.4 Die allgemeine Form eines Kopierauftrages

> Die allgemeine Form eines Kopierauftrages ist:
>
> > **LW: Kopie = LW: Original**
>
> **LW** = **L**aufwerksangabe
> **Kopie** = Dateiname der **K**opie
> **Original** = Dateiname des **O**riginals

Die Laufwerksangabe beim Dateinamen des Originals gibt an, auf welchem Laufwerk sich
die Originaldatei befindet.
Die Laufwerksangabe beim Dateinamen der Kopie gibt an, auf welchem Laufwerk die Datei-
Kopie anzulegen ist.

Um die Reihenfolge im Kopierauftrag nicht zu verwechseln, bietet sich folgende *Merkregel*
an:

> K steht alphabetisch *vor* O, d. h.
> Kopie *vor* Original

Die Laufwerksangaben vor der Kopie und vor dem Original können im Prinzip gleich sein.
Entsprechendes gilt für die Dateinamen.

> **Auf einer Diskette muß ein Dateiname eindeutig zu einer einzigen Datei gehören.**

> **Bei Gleichheit der Laufwerksbezeichnungen müssen aus Gründen der Eindeutigkeit
> die Dateinamen von Kopie und Original unterschiedlich sein.**

> **Bei Gleichheit der Dateinamen von Kopie und Original müssen die Disketten von
> Kopie und Original aus Gründen der Eindeutigkeit in unterschiedlichen Laufwerken
> liegen.**

Bei formal falscher Eingabe des Kopier-Kommandos erscheint die Fehlermeldung:

> INVALID FORMAT (ungültiges Format)

Beispiel 11.1

Kopieren einzelner Dateien
Auf der Systemdiskette in Laufwerk A befinden sich alle CP/M-Dateien (auf Diskette gespeicherte CP/M-
Kommandos). Es soll die Datei ED.COM auf eine leere, formatierte Diskette in Laufwerk B übertragen
werden.

Bereit-schafts-Zeichen	Eingabe	Ausgabe	Erläuterung
A >	DIR ED.COM ↵	A:ED COM	Prüfen, ob die Datei ED.COM auf der Diskette in Laufwerk A vorhanden ist.
A >	DIR B: ↵	NO FILE	Alle Dateien angeben lassen, die auf der Diskette in Laufwerk B vorhanden sind (Ausgabe: keine Datei).
A >	PIP B:ED.COM=A:ED.COM ↵		Kopierkommando.
A >	DIR B: ↵	B:ED COM	Prüfen, welche Dateien nach der Übertragung auf der Diskette in Laufwerk B vorhanden sind (Ausgabe: Datei ED.COM).
A >			

Beispiel 11.2
Kopieren mehrerer Dateien
Es sollen, anschließend an das Beispiel 11.1, die Dateien des CP/M-Kommandos STAT.COM und PIP.COM
von der Systemdiskette auf die Diskette in Laufwerk B übertragen werden.

Bereit-schafts-zeichen	Eingabe	Ausgabe	Erläuterung
A >	PIP ↵	*	Aufruf des PIP-Kommandos und anschließende Bereitmeldung.
	B:STAT.COM=A:STAT.COM ↵	*	Übertragung der Datei STAT.COM von Laufwerk A zum Laufwerk B und anschließende Bereitmeldung (*).
	B:PIP.COM=A:PIP.COM ↵	*	Übertragung der Datei PIP.COM von Laufwerk A zum Laufwerk B und anschließende Bereitmeldung (*).
	↵		Abschluß des Kopierkommandos.
A >			Bereitmeldung von CP/M.
	DIR B: ↵	B:ED␣COM B:STAT␣COM B:PIP␣COM	Inhaltsverzeichnis von der Diskette in Laufwerk B ausgeben lassen. Die Ausgabe zeigt, daß die Datei STAT.COM und PIP.COM auf die Diskette in Laufwerk B übertragen wurden. Die Datei ED.COM befand sich schon auf der Diskette (Beispiel 11.1).
A >			

11.2.5 Vereinfachungen bei der Eingabe von Kopierkommandos mit Hilfe von Dateigruppenzeichen

Die beiden vorangegangenen Beispiele zeigen, daß es relativ aufwendig ist, die Kopierkommandos vollständig einzugeben.

Es gibt aus diesem Grunde für einige Fälle Vereinfachungen, die den *Schreibaufwand* bei der Eingabe der Kopierkommandos verringern.

> **Die Dateinamen dürfen im PIP-Kommando auch Dateigruppenzeichen (?, *, vgl. Kap. 6.4) enthalten.**

Dann werden die entsprechenden Datei*gruppen* kopiert. Man erspart sich somit die Eingabe aller einzelnen Dateinamen in mehreren Kopieraufträgen.

Beispiel 11.3
Auf der Systemdiskette mögen die BASIC-Anwenderprogramme mit den Dateinamen BSP1.BAS,
BSP2.BAS und BSP3.BAS gespeichert sein. Sie sollen auf eine andere Diskette in Laufwerk B kopiert
werden.

In allgemeiner, ausführlicher Form wäre das Kopierkommando wie folgt zu formulieren:

```
PIP ↵
B:BSP1.BAS=A:BSP1.BAS ↵
B:BSP2.BAS=A:BSP2.BAS ↵
B:BSP3.BAS=A:BSP3.BAS ↵
↵
```

Mit Hilfe des Dateigruppenzeichens ? läßt sich das Kopierkommando für die gesamte Gruppe wie folgt vereinfachen:

```
PIP ↵
B:BSP?.BAS=A:BSP?.BAS ↵
↵
```

oder auch:

```
PIP  B:BSP?.BAS=A:BSP?.BAS ↵
```

Es ist also nur noch ein einziger Kopierauftrag notwendig, um die gesamte Dateigruppe zu kopieren.

Es ist dabei aber zu beachten, daß außerdem Dateien kopiert werden, die zum Beispiel die Namen BSP4.BAS, BSP9.BAS, BSPX.BAS o. ä. aufweisen, *falls* diese Dateien im Original auf der Systemdiskette existieren.

Es würden aber keine Dateien mit den Namen BSP1<u>1</u>.BAS, BSP4.BA<u>K</u> o. ä. übertragen.

> **Noch effektiver ist der Einsatz des Dateigruppenzeichens *.**

Beispiel 11.4

Möchte man z. B. alle ladbaren CP/M-Kommandos, die auf der Systemdiskette in Laufwerk A in Form von Dateien neben anderen Dateien gespeichert sind, auf eine Diskette in Laufwerk B übertragen, so muß man die Gemeinsamkeiten dieser Dateigruppe und die Unterschiede zu den anderen Dateien heraussuchen.

Die Gemeinsamkeiten der CP/M-Dateien liegen im Dateiergänzungsnamen COM (vgl. 4.4.2). Die anderen auf der Systemdiskette vorhandenen Anwenderdateien haben i. a. einen anderen Ergänzungsnamen (außer ablauffähige Programme).

Es läßt sich daher die gesamte Dateigruppe der ladbaren CP/M-Kommandos mit Hilfe des folgenden Kommandos kopieren:

    PIP⌴B:*.COM=A:*.COM ↵

Wäre diese Vereinfachung nicht möglich, so hätten 5 einzelne Kopieraufträge eingegeben werden müssen. Außerdem sind die Dateihauptnamen wesentlich länger als das einzelne Dateigruppenzeichen *. Der Eingabeaufwand wurde also wesentlich verringert.

Falls jedoch auch andere Dateien mit dem Ergänzungsnamen COM auf der Systemdiskette sind, die nicht zu den ladbaren CP/M-Kommandos gehören, so werden auch diese kopiert.

Der Benutzer muß dann abschätzen, ob der Aufwand geringer ist, die CP/M-Dateien einzeln zu kopieren oder die gesamte Gruppe mit den nicht erwünschten Dateien und die nicht erwünschten Dateien später wieder zu löschen (vgl. Kap. 14).

Beispiel 11.5

Besonders effektiv wird das Dateigruppenzeichen * beim Kopieren *aller* Dateien eingesetzt. Es genügt, das folgende Kommando einzugeben, um alle Dateien von Laufwerk A zum Laufwerk B zu übertragen:

    PIP⌴B: *.* = A: *.* ↵

Dies Kommando läßt sich noch weiter verkürzen (wie die folgenden Vereinfachungsmöglichkeiten noch zeigen werden, vgl. Kap. 11.2.7 und 11.2.8):

    PIP⌴B:=A: *.* ↵

bzw.

    PIP⌴B:=*.* ↵

11.2.6 Unterschied zwischen dem Kopieren aller Dateien und ganzen Disketten

> **Es soll an dieser Stelle noch einmal betont werden, daß es ein Unterschied ist, ob**
> **— alle Dateien eine Diskette oder**
> **— ganze Disketten**
> **kopiert werden.**

Beim Kopieren *aller* Dateien wird das CP/M-Betriebssystem selbst nicht kopiert, da es nicht vollständig in Form von Dateien auf der Systemdiskette vorhanden ist. Somit kann es auch nicht mit Hilfe des PIP Kommandos kopiert werden.

Möchte man *ganze* Disketten einschließlich des CP/M-Betriebssystems, das auf 2 besonderen Spuren der Disketten gespeichert ist, kopieren, so muß ein spezielles CP/M-Kommando verwendet werden (vgl. Kap. 7, SYSGEN, CPMCOPY o.ä.).

Der Anwender, der sich mit Hilfe des DIR Kommandos die auf der Diskette vorhandenen Dateien auflisten läßt, kann nicht ohne weiteres feststellen, ob die Diskette außerdem noch das CP/M-Betriebssystem enthält.

Diese Kenntnis ist aber außerordentlich wichtig beim Kopieren mit nur zwei Diskettenlaufwerken.

Enthalten alle Disketten das CP/M-Betriebssystem auf zwei reservierten Spuren, sowie das ladbare Kommando PIP, so gibt es beim Kopieren von Dateien, auch bei nur zwei Laufwerken, keinerlei Probleme. Ist dies nicht der Fall, so müssen bestimmte Abläufe beim Kopieren eingehalten werden (vgl. Kap. 11.2.9).

Um zu ermitteln, ob eine Diskette das CP/M-Betriebssystem enthält oder nicht, empfiehlt es sich, die zu prüfende Diskette in Laufwerk A zu legen und zu versuchen, das CP/M-Betriebssystem zu starten.

- Warmstart CTRL C .
  Ist CP/M auf der Diskette, meldet sich das System mit dem Bereitschaftszeichen A >.
- Ist CP/M jedoch nicht auf der Diskette, so wird das System in den Grundzustand vor dem Laden von CP/M (Kaltstart) zurückgesetzt, falls CP/M vorher schon gestartet war oder es bleibt in dem Grundzustand, wenn es ihn vorher schon einnahm (Monitorebene).

Ein weiterer Unterschied zwischen dem Kopieren aller Dateien und ganzer Disketten liegt im Kopierverfahren.

Beim Kopieren *ganzer* Disketten wird *Spur für Spur* der Originaldiskette kopiert. Kopie und Original sind völlig identisch.

Die Sektoren einer Datei liegen i.a. auf Originaldisketten verstreut über verschiedene, nicht zusammenhängende Sektoren einer Diskette, wenn häufiger Dateien gelöscht, erzeugt oder geändert wurden.

Dies soll an einem einfachen Beispiel verdeutlicht werden:

Beispiel 11.6

Die Sektoren einer Diskette sind adressierbar über ihre Spur- und Sektornummern, z. B. wie folgt:

	Spur	Sektor
Datei 1	1	1, 2, 3, 4, 5
Datei 2	1	6, 7, 8
Datei 3	1	9, 10, 11, 12

Nun wird die Datei 2 gelöscht. Dadurch werden die Sektoren 6, 7 und 8 frei. Anschließend möchte man eine Datei 4 auf der Diskette speichern, die 7 Sektoren benötigt. Sie wird, um die entstandene Lücke auszunutzen, wie folgt gespeichert:

	Spur	Sektor
Datei 1	1	1, 2, 3, 4, 5
Datei 3	1	9, 10, 11, 12
Datei 4	1	6, 7, 8, 13, 14, 15, 16

Man erkennt an der Datei 4, daß die Sektoren der Datei nicht mehr alle direkt aufeinander folgen. Bei häufigeren Lösch- und Speichervorgängen sind die Sektoren einer Datei i. a. über alle Spuren und Sektoren verstreut. Nur über die Adressen (Spur- und Sektornummer) kann der Mikrocomputer (BDOS, vgl. Kap. 4.3) die Bestandteile einer Datei wieder auffinden.

Dadurch wird die Zugriffszeit, d. h. die Gesamtzeit, die zur Übertragung einer Datei notwendig ist, groß, denn es muß für jedes Segment auf die neue Spur positioniert werden und anschließend abgewartet werden, daß das Segment infolge der Drehung der Diskette unter dem Schreib-Lese-Kopf erscheint.

Wird jedoch eine Datei mit Hilfe von PIP kopiert, so werden die einzelnen Sektoren der Reihe nach auf der Originaldiskette aufgesucht und *hintereinander* auf der Kopie abgespeichert. Die zusammengehörenden Sektoren einer Datei folgen somit direkt aufeinander. Dadurch wird die *Zugriffszeit* wesentlich *verkürzt*. Dies gilt für *alle* Dateien, wenn alle Dateien einer Diskette mit Hilfe von PIP kopiert werden.

Beim Kopieren ganzer Disketten, bei der Original und Kopie völlig identisch sind, ist dies nicht der Fall.

11.2.7 Vereinfachungen bei der Eingabe von Kopierkommandos bei gleichen Dateinamen von Original und Kopie

> **Soll eine Kopie einer Datei den gleichen Dateinamen erhalten, wie das Original, so kann bei dem Kopierauftrag der Dateiname der Kopie entfallen. Somit ergibt sich als vereinfachte Form:**
>
> **PIP␣LW:=LW:Dateiname des Originals ↵**

Wie schon früher hervorgehoben wurde, müssen bei Gleichheit der Dateinamen die Disketten von Kopie und Original aus Gründen der Eindeutigkeit unbedingt in unterschiedlichen Laufwerken liegen.

Wird dies mißachtet, erscheint folgende Fehlermeldung:

> INVALID␣FORMAT:LW:Dateiname des Originals

Beispiel 11.7

Geht man von Beispiel 11.3 aus, so vereinfacht sich das Kopierkommando:

    PIP␣B:BSP?.BAS=A:BSP?.BAS ↵

wie folgt:

    PIP␣B:=A:BSP?.BAS ↵

Beispiel 11.8

Geht man von Beispiel 11.4 aus, so vereinfacht sich das Kopierkommando:

    PIP␣B : *.COM=A : *.COM ↵

    wie folgt:

    PIP␣B : = A : *.COM ↵

Beispiel 11.9

Geht man von Beispiel 11.5 aus, so vereinfacht sich das Kopierkommando:

    PIP␣B : *.*=A : *.* ↵

    wie folgt:

    PIP␣B: = A: *.* ↵

11.2.8 Vereinfachungen bei der Eingabe von Kopierkommandos bei Benutzung des Systemlaufwerkes

Werden Dateien vom Systemlaufwerk bzw. zum Systemlaufwerk A übertragen, so sind weitere Schreibvereinfachungen beim Kopierkommando möglich.

— Befindet sich die Datei des *Originals* auf einer Diskette im Laufwerk A, so kann die Laufwerksbezeichnung vor dem Dateinamen des Originals entfallen.

Somit ergibt sich folgende allgemeine Form:

> PIP␣LW:Dateiname Kopie=Dateiname Original ↵

Bei Beibehaltung der Dateinamen vereinfacht sich dies weiter zu:

> PIP␣LW:=Dateiname Original ↵

— Soll das Original einer Datei von einem beliebigen Laufwerk auf die System-Diskette im Systemlaufwerk A übertragen werden (Kopieren auf die Diskette in Laufwerk A), so kann die Laufwerksbezeichnung bei der Kopie entfallen.

> PIP␣Dateiname Kopie=LW:Dateiname Original ↵

Bei *gleichen* Dateinamen kann nach der bisherigen Regelung auch der Dateiname der Kopie entfallen. Dies würde bedeuten, daß links vom Gleichheitszeichen keinerlei Angabe mehr stehen würde. Dies ist nicht erlaubt.

In diesem speziellen Fall, in dem eine Kopie mit gleichem Namen auf einer Diskette im Systemlaufwerk erstellt werden soll und die Laufwerksangabe fehlt, muß der Dateiname des Originals links vom Gleichheitszeichen angegeben werden. Dafür kann er dann rechts vom Gleichheitszeichen entfallen.

Somit ergibt sich in diesem speziellen Falle folgende allgemeine Form:

> PIP␣Dateiname Original=LW:↵

Beispiel 11.10

Auf der Systemdiskette möge die Datei BSP vorhanden sein. Sie soll mit gleichem Namen auf eine Diskette in Laufwerk B übertragen werden. Die Kurzform des Kopierkommandos lautet:

PIP⌴B:=BSP ↵

Links vom Gleichheitszeichen kann bei der Kopie der Dateiname entfallen.
Rechts vom Gleichheitszeichen kann die Laufwerksangabe entfallen, da sich die Originaldatei in Laufwerk A befindet.

Beispiel 11.11

Es soll an das Beispiel 11.10 angeschlossen werden. Aus dem Systemlaufwerk wird die Systemdiskette herausgenommen und eine leere Diskette hineingelegt. Es soll nun von der Diskette in Laufwerk B die Datei BSP auf die Diskette in Laufwerk A übertragen werden.

Es wird dazu folgendes Kommando eingegeben:

PIP⌴BSP=B: ↵

Bei der Ausführung des Kommandos wird folgende Fehlermeldung abgegeben:

PIP?

Anschließend meldet sich das CP/M-Betriebssystem bereit zur Aufnahme neuer Kommandos (A >).

Dies an sich formal richtige Dateikopierkommando wird also nicht akzeptiert.

Dies liegt daran, daß die Systemdiskette aus dem Laufwerk A herausgenommen wurde.

Bei der problemlosen Benutzung des PIP-Kommandos sollte die Systemdiskette i. a. in Laufwerk A liegen.

Sie muß es jedoch nicht unbedingt. Allerdings ist dann die Reihenfolge der Handlungen während des Kopiervorgangs wichtig (vgl. Kap. 11.2.9).

Beispiel 11.12

Auf einer Diskette in Laufwerk B möge die Datei BSP1 gespeichert sein. Sie soll auf die Systemdiskette in Laufwerk A kopiert werden.

Es werden folgende Kommandos eingegeben:

PIP⌴B:BSP1 ↵

Fehlermeldung: INVALID⌴FORMAT

PIP⌴=B:BSP1 ↵

Fehlermeldung: INVALID FORMAT:=

PIP⌴:=B:BSP1 ↵

Fehlermeldung: INVALID FORMAT: :

Diese Beispiele zeigen, daß links vom Gleichheitszeichen mindestens eine Angabe stehen muß (Laufwerksangabe oder Dateiname).

Fehlerfrei wird folgendes Kommando ausgeführt:

PIP⌴BSP1=B: ↵

Beispiel 11.13

Es existiert auf der Diskette in Laufwerk A eine Datei mit dem Namen BSP1 und dem Inhalt:

A
B
C
D

Im Laufwerk B liegt eine Diskette, die eine Datei mit dem Namen BSP1 enthält mit dem folgenden Inhalt:

1

2

3

4

Nun wird folgender Kopierauftrag gegeben.

  PIP⌴B:=BSP1 ↵

Die Datei BSP1 auf der Diskette von Laufwerk B wird durch die Datei BSP1 auf Laufwerk A überschrieben. Daraus folgt:

> **Ist eine Datei mit dem Dateinamen der Dateikopie schon vorhanden, so wird diese Datei gelöscht und durch die Kopie ersetzt (überschrieben).**

11.2.9 Kopieren von Dateien zwischen Disketten ohne CP/M

Mit Hilfe des Beispiels 11.11 wurde demonstriert, daß bei Verwendung des PIP-Kommandos in der dort angegebenen Form stets die Systemdiskette in Laufwerk A eingelegt sein muß. Stehen nur zwei Laufwerke A und B zur Verfügung, ist die Übertragung einer Datei von einer Diskette ohne CP/M in Laufwerk B auf eine andere, z. B. noch leere Diskette ohne CP/M in Laufwerk A mit gewissen Problemen verbunden, da sich im Systemlaufwerk A die Systemdiskette befinden sollte. (Bei mehreren Laufwerken gibt es keine Probleme, denn es kann direkt von Laufwerk B z. B. zum Laufwerk C übertragen werden, während sich in Laufwerk A die Systemdiskette befindet).

Zur Lösung der angesprochenen Problematik lassen sich zwei Methoden anwenden:

- Kopieren über das Systemlaufwerk.
- Direktes Kopieren bei vorhergehendem Laden von PIP in den Arbeitsspeicher.

Kopieren über das Systemlaufwerk

Beim Kopieren über das Systemlaufwerk sind folgende Schritte vorzunehmen:

1. Übertragung der zu kopierenden Datei von der Diskette in Laufwerk B zur System-Diskette in Laufwerk A.
2. Diskette aus Laufwerk B entnehmen.
3. Neue, formatierte Diskette in das Laufwerk B einlegen.
4. Steuerzeichen $\boxed{\text{CTRL}}\,\boxed{\text{C}}$ drücken, damit CP/M die neue Diskette registriert (kann bei einigen Mikrocomputerversionen entfallen).
5. Übertragung der zu kopierenden Datei von der Diskette im Systemlaufwerk A zur neuen Diskette in Laufwerk B.
6. Überprüfen, ob die Datei auf der Diskette in Laufwerk B gespeichert wurde (z. B. mit Hilfe des DIR-Kommandos).
7. Löschen der zu kopierenden Datei auf der System-Diskette in Laufwerk A (siehe Kap. 14).

Diese Methode ist sehr sicher, hat aber folgende Nachteile:

Es muß auf der Systemdiskette noch ausreichend Speicherkapazität zur Zwischenspeicherung der Datei vorhanden sein, denn die CP/M-Dateien erfordern eine gewisse Speicherkapazität (vgl. Kap. 9.2).

Dazu muß die benötigte Speicherkapazität für die zu kopierende Datei ermittelt werden (STAT-Kommando, vgl. Kap. 9.2) und dies verglichen werden mit dem noch verfügbaren freien Speicherplatz auf der Systemdiskette (STAT-Kommando, vgl. Kap. 9.1).

Direkte Übertragung bei vorhergehendem Laden von PIP in den Arbeitsspeicher

Bei dieser Art der Dateiübertragung müssen folgende Schritte aufeinanderfolgen:

1. Einlegen der Systemdiskette in Laufwerk A.
2. CP/M-Betriebssystem starten (vgl. Kap. 5).
3. Einlegen einer neuen formatierten Diskette in das Laufwerk B.
4. $\boxed{\text{CTRL}\,\text{C}}$ drücken, damit die neue Diskette von CP/M erkannt wird (kann bei einigen Mikrocomputer-Versionen entfallen!).
5. Laden der Datei PIP.COM von der Systemdiskette in den Arbeitsspeicher. Dazu wird das Kommando

   PIP ↵

   eingegeben. PIP meldet sich zur Ausführung bereit durch Ausgabe des Bereitschaftszeichens *. PIP befindet sich danach im Arbeitsspeicher und ist von dort aus zur Ausführung von Kopierkommandos bereit.
6. Herausnehmen der Systemdiskette aus Laufwerk A.
7. Diskette mit der Originaldatei in das Systemlaufwerk A einlegen.
8. Eingabe des Kopierauftrages zum Kopieren einer Datei von Laufwerk A zum Laufwerk B. Bei gleichen Dateinamen von Kopie und Original ergibt sich die vereinfachte Form zu:

   B:=Dateiname ↵

9. Herausnehmen der Diskette mit der Originaldatei aus dem Systemlaufwerk A.
10. Einlegen der Systemdiskette in das Laufwerk A.
11. Beenden des PIP-Kommandos durch Drücken der RETURN-Taste (↵).

Kritisch ist hierbei, daß nach Schritt 8 nicht, wie sonst üblich, das PIP-Kommando durch Drücken der RETURN-Taste ↵ beendet werden darf, sondern vorher die Systemdiskette wieder in das Laufwerk A gelegt werden muß.

Befolgt man dies nicht, nimmt der Mikrocomputer keinerlei Kommando mehr an. Auch ein Warmstart (CTRL C) ist nicht mehr möglich. So bleibt nur der Kaltstart, d. h. i. a. Abschalten des Gerätes und Neustart. Außerdem kann evtl. die Originaldatei zerstört werden. Dies ist ein Nachteil dieses Verfahrens. Außerdem müssen zweimal Disketten gewechselt werden.

Der Vorteil dieses Verfahrens besteht darin, daß die volle Speicherkapazität der Disketten (150 KByte) ausgenutzt werden kann.

Beispiel 11.14

Es soll eine umfangreiche Datei RATE auf eine leere Diskette übertragen werden. Die einzelnen Schritte sind in Kurzform:

1. Systemdiskette in LW A legen. Starten von CP/M.
2. Neue Diskette in LW B legen.
3. $\boxed{\text{CTRL}\,\text{C}}$
4. PIP ↵

5. Systemdiskette durch Diskette mit Dateioriginal ersetzen.
6. B:=RATE ↵
7. Diskette mit Dateioriginal durch Systemdiskette ersetzen.
8. ↵

11.3 Verketten von Dateien

Vielfach besteht der Wunsch, einzelne separate Dateien zu einer einzigen Datei zu verketten (engl. concatenating). Für diese Aufgabe steht das PIP-Kommando ebenfalls zur Verfügung.

> **Die allgemeine Form des PIP-Kommandos zum Verketten von Dateien ist:**
>
> **PIPᵤ LW:verkettete Datei=LW:Datei 1, LW:Datei 2, ... , LW:Datei n ↵**

Unter LW ist das jeweilige Laufwerk zu verstehen, in dem die Dateien zu finden sind, bzw. die verkettete Datei abzuspeichern ist.

Es gelten die gleichen Vereinfachungen, die in Kap. 11.2.5 bis 11.2.8 beschrieben wurden, d. h. wenn die Dateien auf einer Diskette im Systemlaufwerk zu finden sind, kann die Laufwerksangabe A entfallen.

Die einzelnen zu verkettenden Dateien werden durch Kommas voneinander getrennt.

> **Wie aus der allgemeinen Form ersichtlich ist, kann dieses Kommando relativ lang werden.**
> **Es sind maximal 255 Zeichen erlaubt.**

Da auf dem Sichtschirm jedoch nur maximal 80 Zeichen dargestellt werden können, muß bei mehr als 80 Zeichen zur nächsten Zeile übergegangen werden. Dies wird i.a. durch Drücken der RETURN-Taste (↵) erreicht. In diesem Falle würde es jedoch zur sofortigen Ausführung des bisher eingegebenen Kommandos führen. Wenn es jedoch noch nicht vollständig eingegeben wurde, ist dies nicht erwünscht.

Aus diesem Grunde muß der Zeilenwechsel auf dem Sichtschirm auf andere Art und Weise vorgenommen werden. Man bedient sich in diesem Falle des Steuerzeichens

| CTRL | E |

(vgl. Kap. 4.4.3)

> **Sollen mehrere Verkettungen auf einmal vorgenommen werden, so lautet das PIP-Kommando:**
>
> > **PIP ↵**
> >
> > **LW : verkettete Datei 1 = Liste 1 der zu verkettenden Dateien mit LW-Angabe ↵**
> >
> > :
> > :
> >
> > **LW : verkettete Datei n = Liste n der zu verkettenden Dateien mit LW-Angabe ↵**
> >
> > ↵

Beispiel 11.15

Eingabe	Ausgabe	Erläuterung
ED␣B:BSP1 ↵ I ↵ A ↵ A ↵ A ↵ $\boxed{\text{CTRL}}\,\boxed{\text{Z}}$ E ↵	NEW FILE :* 1: 2: 3: 4: :*	Erzeugen einer Datei mit dem Namen BSP 1, die drei Zeilen mit je einem A enthält.
ED␣B:BSP 2 ↵ I ↵ B ↵ B ↵ B ↵ $\boxed{\text{CTRL}}\,\boxed{\text{Z}}$ E ↵	NEW FILE :* 1: 2: 3: 4: :*	Erzeugen einer Datei mit dem Namen BSP 2, die drei Zeilen mit je einem B enthält.
ED␣B:BSP 3 ↵ I ↵ C ↵ C ↵ C ↵ $\boxed{\text{CTRL}}\,\boxed{\text{Z}}$ E ↵	NEW FILE :* 1: 2: 3: 4: :*	Erzeugen einer Datei mit dem Namen BSP 3, die drei Zeilen mit je einem C enthält.
PIP ↵ B:BSP = B:BSP 1, B:BSP 2, B:BSP 3 ↵ ↵	 *	Verketten der Dateien BSP 1, BSP 2 und BSP 3 zu einer neuen Datei BSP.
ED␣B:BSP ↵ # A ↵ # T ↵	:* 1:* 1:A 2:A 3:A 4:B 5:B 6:B 7:C 8:C 9:C 1:*	Ausgeben der verketteten Datei BSP mit Hilfe des Editors.
Q ↵ Y	Q-(Y/N)?	

Beispiel 11.16

1.	Kopierkommando: PIP␣TEXT=TEXT1, TEXT2, TEXT3 ↵ Es werden die Dateien TEXT1, TEXT2, TEXT3, die auf einer Diskette in Laufwerk A gespeichert sind, verkettet zu einer neuen Datei mit dem Namen TEXT, die ebenfalls auf der Diskette in Laufwerk A gespeichert wird.
2.	Kopierkommando: PIP␣B:X=B:Y, A:Z ↵ Es werden die Dateien Y auf Laufwerk B und Z auf Laufwerk A verkettet zu einer neuen Datei mit dem Namen X. Sie wird auf der Diskette in Laufwerk B gespeichert.
3.	Kopierkommando: PIP ↵ B:ADD.BAS=TEXT.BAS, B:EINGABE.BAS, RECHN.BAS ↵ ↵ Es werden die Dateien TEXT.BAS von Laufwerk A, EINGABE.BAS von Laufwerk B und RECHN.BAS von Laufwerk A verkettet und unter dem Dateinamen ADD.BAS auf einer Diskette in Laufwerk B gespeichert.

11.4 Steuerparameter beim Kopieren von Dateien

> Mit Hilfe einer Reihe von Steuerparametern kann der Kopiervorgang beeinflußt
> werden.

> Die Steuerparameter werden in eckigen Klammern hinter dem gewohnten PIP-Kommando angefügt. Somit ergibt sich die allgemeine Form zu
>
> > PIP␣Kopierauftrag [Steuerparameter] ↵
>
> Es können auch mehrere Steuerparameter gleichzeitig in den eckigen Klammern angegeben werden. Sie werden ohne Trennungszeichen einfach aneinander gefügt und später in der angegebenen Reihenfolge bearbeitet.

Im Folgenden sollen die wichtigsten Steuerparameter beim Kopieren von Dateien näher besprochen werden.

11.4.1 Der Steuerparameter V

> Beim Kopieren einer Datei wird durch Angabe des Steuerparameters V (V ist eine
> Kurzform für engl. verify, d.h. prüfen) noch einmal die Kopie mit dem Original verglichen. Eventuelle Übertragungsfehler werden angezeigt.

Dies bietet eine zusätzliche Sicherheit beim Kopieren. Übertragungsfehler werden frühzeitig erkannt. Der Kopiervorgang kann dann sofort noch einmal wiederholt werden.

Nachteilig ist, daß der Vergleich der Dateien zusätzlich Zeit kostet und somit die gesamte Kopierzeit wesentlich größer wird.

Beispiel 11.17

> Kopierkommando:
>
> PIP␣B:=ADD.BAS [V] ↵
>
> Es wird die Datei ADD.BAS von Laufwerk A nach Laufwerk B kopiert. Die Kopie wird anschlie-
> ßend mit dem Original verglichen und die korrekte Übertragung gemeldet bzw. eine fehlerhafte
> Übertragung angezeigt.

11.4.2 Der Steuerparameter N

> **Während des Kopiervorganges wird mit Hilfe des Steuerparameters N jeder übertra-
> genen Zeile eine Zeilennummer vorangestellt.**
>
> **(N ist die englische Kurzform für number, d. h. hier soviel wie Zeilennummerierung).**

Die Zeilennummerierung beginnt mit 1 und wird mit jeder weiteren Zeile um jeweils 1 er-
höht. Die Zeilennummern werden durch einen Doppelpunkt (teilweise auch durch ein Se-
mikolon) von der eigentlichen Datei-Zeile getrennt. Führende Nullen vor den Zeilennummern werden unterdrückt.

Beispiel 11.18

> Kopierkommando:
>
> PIP␣B:=ADD.BAS [N]
>
> Es wird auf einer Diskette in Laufwerk B eine Datei mit dem Namen ADD.BAS angelegt, die sich
> von der gleichnamigen Datei in Laufwerk A durch eine Zeilennummerierung unterscheidet.

11.4.3 Der Steuerparameter Q

> **Der Kopiervorgang wird abgebrochen, wenn eine bestimmte Zeichenfolge in der
> Originaldatei erkannt wird. Die allgemeine Form des Steuerparameters ist:**
>
> > **Q Zeichenfolge CTRL Z**

Die Zeichenfolge beginnt direkt hinter dem Schlüsselzeichen Q und muß mit dem Steuerzeichen CTRL Z abgeschlossen werden.

Beispiel 11.19

> Es liegt im Laufwerk A folgende Datei (ADD.BAS) vor:
>
> 1Ø␣INPUT␣A, B
> 2Ø␣C = A + B
> 3Ø␣PRINT␣A, B, C
> 4Ø␣END
>
> Es wird nun folgendes Kopierkommando gegeben:
>
> PIP␣B:= ADD.BAS [Q 4Ø CTRL Z]
>
> Es wird die Datei ADD.BAS von LW A zum LW B übertragen, bis die Zeichenfolge 4Ø in der letzten
> Zeile erkannt wird.

14.4.4 Der Steuerparameter S

> **Der Kopiervorgang beginnt erst, wenn in einer Datei eine bestimmte Zeichenfolge erkannt wird.**
>
> **Die allgemeine Form des Steuerparameters ist:**
>
> **S Zeichenfolge [CTRL Z]**

Merkregel: S steht für engl. _start, d. h. starten, beginnen.

Beispiel 11.20

> Auf der Diskette im Laufwerk A ist die gleiche Datei ADD.BAS vorhanden, wie in Beispiel 11.19. Wird das Kommando
>
>   PIP␣B:=ADD.BAS [S 2∅ [CTRL Z]] ↵
>
> eingegeben, so beginnt der Kopiervorgang erst, wenn die Zeichenfolge 2∅ in Zeile 2 erkannt wird.

11.4.5 Kopieren von Dateibereichen

Es wurde schon erwähnt, daß in den eckigen Klammern auch mehrere Steuerparameter aufeinander folgen können. Sie werden nacheinander bearbeitet. Dies gibt u. a. die Möglichkeit, mit Hilfe der Steuerparameter S und Q *Dateibereiche* zu kopieren.

> **Die allgemeine Form zum Kopieren von Dateibereichen ist:**
>
> **PIP␣LW:Kopie = LW: Original [S Z1 [CTRL Z] Q Z2 [CTRL Z]] ↵**
>
> LW = Laufwerksangabe
> Kopie = Dateiname der Kopie
> Original = Dateiname des Originals
> Z1 = Zeichenfolge 1
> Z2 = Zeichenfolge 2

Die Originaldatei wird vom angegebenen Laufwerk nur zum Teil zum Laufwerk der Kopie übertragen. Die Kopie beginnt bei Zeichenfolge 1 und endet bei Zeichenfolge 2.

11.4.6 Der Steuerparameter E

Beim Verketten von Dateien möchte der Benutzer eventuell informiert sein, welche Datei aus der Dateiliste z. Z. übertragen wird.

> **Mit Hilfe des Steuerparameters E kann auf dem Sichtgerät angezeigt werden, welche Datei z.Z. übertragen wird.**

(Das Kurzzeichen E steht stellvertretend für das engl. Wort _echo.)

Beispiel 11.21

Kopierkommando:
PIP␣B:TEXT=TEXT 1, TEXT 2, TEXT 3 [E]
Während des Kopierens der Dateien Text1, Text2, Text3 (Verkettung) wird der Dateiname auf dem Sichtschirm ausgegeben, der z. Z. übertragen wird.

11.4.7 Das Steuerzeichen O

> Das Steuerzeichen O wird zur Übertragung von Objektdateien (Dateiergänzungsname COM) verwendet. Das Dateiendezeichen CTRL Z, das bei CP/M standardmäßig ASCII-Dateien begrenzt, wird bei der Verwendung des Steuerzeichens O ignoriert.

Dies ist insbesondere wichtig beim Zusammenfassen (Verketten) von Objektdateien.

Beispiel 11.22

> Kopierkommando:
>
> PIP␣B:=ED.COM [OV]
>
> Es wird die Objektdatei ED.COM von LW A zum LW B übertragen. Das Dateiendezeichen CTRL Z wird ignoriert [O]. Es wird außerdem die Datei „prüfgelesen'' [V].

Weitere, für das *Ausdrucken* von Dateien interessante Steuerparameter werden im Zusammenhang mit den Druckkommandos (vgl. Kap. 11.5.3) behandelt.

11.5 Drucken von Dateien

Das Ausdrucken von Dateiinhalten ist sehr wichtig, denn anhand eines Ausdruckes kann man in Ruhe über alle Dateizeilen hinweg eine Datei betrachten, Fehler suchen, korrigieren, dokumentieren usw.

Das PIP-Kommando ist ein allgemeines Kommando zum Übertragen von Daten zwischen zwei beliebigen Geräteeinheiten.

> Die allgemeine Form eines allgemeinen Dateiübertragungskommandos ist:
>
> > PIP␣Daten empfangendes Gerät : = Daten sendendes Gerät ↵

Ein Beispiel ist das Kopieren von Dateien, bei dem Daten *zwischen zwei* Diskettenlaufwerken übertragen werden. Sie wurden konkret durch die Laufwerksangabe gekennzeichnet. Da nicht immer gleich ganze Disketteninhalte kopiert werden sollen, wurde als Ergänzung der Dateiname hinzugefügt, wenn bestimmte Dateien zu kopieren waren.

Beim Übertragen von Dateien von einem Diskettenlaufwerk zu einem Drucker muß das Daten empfangende Gerät anders gekennzeichnet werden als ein Diskettenlaufwerk. Die Möglichkeiten schildern die folgenden Abschnitte.

11.5.1 Die allgemeine Form des Druckkommandos

Das Druckkommando muß enthalten:

- Angabe des Daten *sendenden* Gerätes, d. h. im allgemeinen das jeweilige Diskettenlaufwerk.
- Angabe der zu sendenden Datei bzw. der zu sendenden Dateien (Dateinamen).
- Angabe des Daten *empfangenden* Gerätes, d. h. in diesem Fall des Druckers.

> **Die allgemeine Form des Druckkommandos zum Drucken von Dateien, die sich auf Disketten befinden, ist:**
>
> > **PIP␣Gerätebezeichnung des Druckers := LW: Dateiname der zu druckenden Datei ↵**

> **Für die rechte Seite vom Gleichheitszeichen gelten somit die gleichen Regeln wie beim
> Kopieren von Dateien, wie z. B.:**

- Auf die Angabe des Diskettenlaufwerkes kann verzichtet werden, wenn die Diskette mit
  der zu sendenden Datei im Systemlaufwerk A liegt.
- Die Dateinamen dürfen Dateigruppenzeichen (? bzw. *) enthalten. Es werden dann die
  dadurch gekennzeichneten Dateigruppen ausgedruckt.

> **Als Gerätebezeichnung für den Drucker werden im Druckkommando logische oder
> physikalische Gerätenamen verwendet (vgl. Kap. 9.3 und 9.4).**

Die möglichen Gerätebezeichnungen werden im Folgenden aufgezeigt.

- LST ist der *logische* Gerätename für ein LIST-Gerät. Das ist eine Einheit, die nur „hört''
  (engl. listen, d. h. hören, hier: empfangen), z. B. ein Drucker.

> **Das allgemeine Druckkommando lautet dann:**
>
> PIP⌴LST := LW: Dateiname ↵

Beispiel 11.23

Ausdrucken der bekannten Datei ADD.BAS von einer Diskette in Laufwerk A.

PIP⌴LST := ADD.BAS

```
10 INPUT A, B
20 C = A + B
30 PRINT A, B, C
40 END
```

Um im folgenden Ein- und Ausgaben unterscheiden zu können, gelten folgende Regeln:

Eingaben werden unterstrichen.
Ausgaben werden nicht unterstrichen.

- Dem *logischen* Daten-Empfangsgerät LST können aber auch *physikalische* Geräte zugeordnet werden (vgl. Kap. 9.4). Dies sind:

  TTY (Fernschreiber)
  CRT (Bildschirm)
  LPT (Zeilendrucker) und
  UL1 (vom Benutzer definiertes Daten-Empfangsgerät).

> **Im allgemeinen ist dem logischen Gerät LST das physikalische Gerät TTY zugeordnet.**

Die tatsächliche aktuelle Gerätezuordnung kann mit dem Kommando

STAT⌴DEV: ↵

ermittelt werden (vgl. Kap. 9.4)

> Somit kann das allgemeine Druckkommando auch lauten:
>
> PIP⌴TTY := LW: Dateiname ↵

Beispiel 11.24

Ausdrucken der bekannten Datei ADD.BAS von einer Diskette in Laufwerk A.

<u>PIP⌴TTY := ADD.BAS</u>

```
10 INPUT A, B
20 C = A + B
30 PRINT A, B, C
40 END
```

● | Zum Ausdrucken einer Datei kann jedoch auch der physikalische Gerätename LPT herangezogen werden.
Die allgemeine Form des Druckkommandos lautet:

> PIP⌴LPT := LW: Dateiname ↵

Beispiel 11.25

Analog zum Beispiel 11.23 und 11.24 ergibt sich für die gleiche Aufgabenstellung das Druckkommando

PIP⌴LPT := ADD.BAS

Die Datei wird in gleicher Form ausgedruckt wie in den vorangegangenen Beispielen.

● **Ferner kann zum Ausdrucken einer Datei der physikalische Gerätename UL1 gewählt werden. Die allgemeine Form des Druckkommandos lautet:**

> PIP⌴UL1 := LW: Dateiname ↵

● Einzig und allein kann zum Drucken anstelle des logischen Gerätenamens LST nicht der physikalische Gerätename CRT benutzt werden, da in diesem Fall eine Ausgabe der Datei auf den Bildschirm erfolgt.

● **Anstelle des logischen Gerätenamens LST kann auch der Name PRN stehen.**

> PIP⌴PRN := LW: Dateiname ↵

Der Unterschied zu all den vorhergehenden Druckkommandos besteht in Folgendem:

— **Automatischer Formularvorschub nach 60 gedruckten Zeilen (Seitenvorschub).**

Es wird schon gleich am Anfang, d. h. vor Ausdruck der Datei, ein Seitenvorschub vom Drucker vorgenommen.

— **Automatische Zeilennummerierung.**

Die Zeilennummern werden durch Doppelpunkte von den Zeileninhalten getrennt.

Beispiel 11.26

Ausdrucken der bekannten Datei ADD.BAS von einer Diskette in Laufwerk A mit Hilfe des folgenden Kommandos:

    PIPⱯPRN := ADD.BAS

1: 10 INPUT A, B
2: 20 C = A + B
3: 30 PRINT A, B, C
4: 40 END

Eine andere wichtige Eigenschaft der Druckausgabe mit Hilfe von PRN ist die tabulierte Darstellung des Druckes.

Dies soll an einem Beispiel näher erläutert werden.

Beispiel 11.27

Gibt man z. B. mit Hilfe des Editors folgende neue Datei über die Tastatur ein:

    EDⱯTAB ⏎
    NEWⱯFILE
    :* I ⏎
    1:Ø123456789Ø123456789Ø123456789 ⏎

    2:Ø [CTRL][I] 1 [CTRL][I] 2 [CTRL][I] 3 [CTRL][I] 4 [CTRL][I] ⏎

    [CTRL][Z] ⏎
    E ⏎

So erscheint während der Eingabe auf dem *Bildschirm* folgende Ausgabe:

    1: 01234567890123456789012345678901234567 89
    2: 0   1   2   3   4

Man erkennt daraus, daß die Eingabe des Steuerzeichens [CTRL][I] während des Editierens wie ein Tabulator wirkt.

Die Zahlen Ø, 1, 2, 3 und 4 in Zeile 2 können in ihrer Position mit den darüberstehenden Ziffern verglichen werden. Es zeigt sich, daß die Zahlen in Zeile 2 in den Spalten Ø, 8, 16, 24 und 32 stehen, d. h. in Stufen von jeweils 8 Spalten aufeinander folgen.

Das nächste nach CTRL I eingegebene Zeichen wird standardmäßig um 8 Spalten verschoben ausgegeben.

Möchte man die eingegebene Datei TAB ausdrucken, so könnte man das Druckkommando:

    PIPⱯLST := TAB ⏎

verwenden. Es wird folgendes ausgedruckt.

    0123456789012345678901234567890123456789
    01234

Daraus wird deutlich, daß die Tabulatorsteuerzeichen in der Druckausgabe i. a. nicht berücksichtigt werden.

Gibt man hingegen das Druckkommando:

    PIPⱯPRN := TAB ⏎

so wird folgendes ausgedruckt:

```
1: 01234567890123456789012345678901234567890
2: 0         1         2         3         4
```

> **Bei der Druckausgabe mit Hilfe von PRN werden die beim Editieren eingegebenen Tabulatorsteuerzeichen CTRL I berücksichtigt. Die danach eingegebenen Zeichen werden um 8 Spalten versetzt ausgegeben (Schrittweite 8).**

11.5.2 Ausdrucken von verketteten Dateien

> **Man kann Dateien auch im Druckbild verketten ohne vorher eine verkettete Datei auf einer Diskette erzeugen zu müssen.**

Das entsprechende PIP-Kommando zum Ausdrucken von verketteten Dateien entspricht der Verkettung von Dateien auf einer Diskette.

> **Die allgemeine Form ist:**
>
> **PIP⌴Gerätebezeichnung des Druckers := LW: Datei 1, LW: Datei 2, ... , LW: Datei n ↵**

Als Gerätebezeichnung sind möglich: LST, TTY, LPT, UL1 und PRN.

Beispiel 11.28

Es werden zwei Dateien A und C erzeugt. Die Datei A enthält in drei Zeilen je ein A, die Datei C in drei Zeilen je ein C. Diese beiden Dateien sollen verkettet ausgegeben werden.

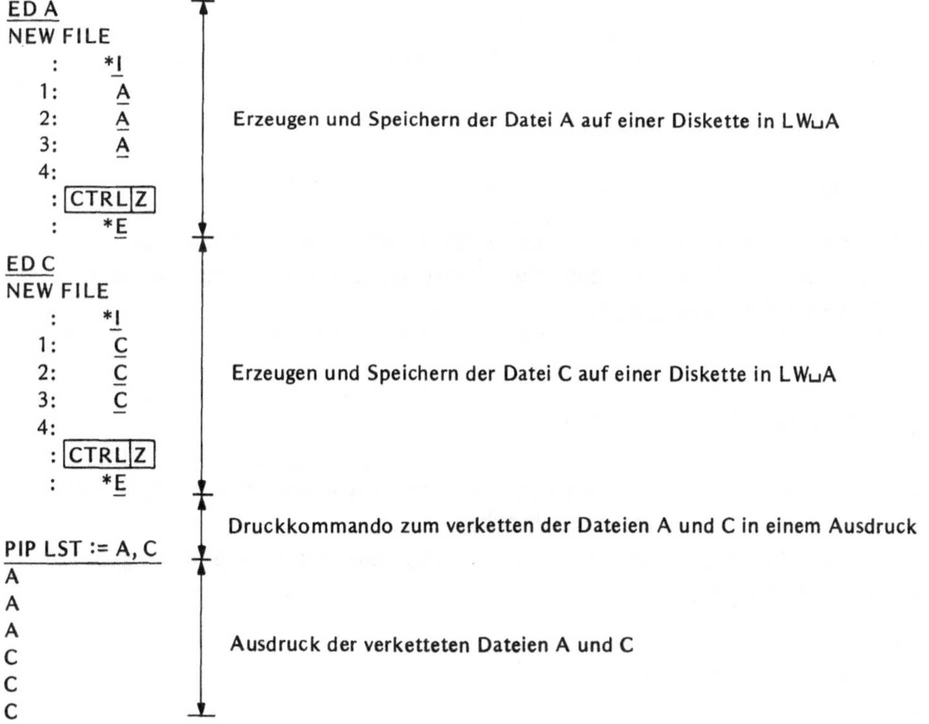

Erzeugen und Speichern der Datei A auf einer Diskette in LW⌴A

Erzeugen und Speichern der Datei C auf einer Diskette in LW⌴A

Druckkommando zum verketten der Dateien A und C in einem Ausdruck

Ausdruck der verketteten Dateien A und C

11.5.3 Steuerparameter beim Drucken

Die in Kap. 11.4 angeführten Steuerparameter haben, auf das Drucken übertragen, die gleiche Bedeutung wie beim Kopieren von Dateien. Insbesondere können mit den Steuerparametern S und Q Datei*bereiche* ausgedruckt werden (vgl. 11.4.5).

Ein praktischer Anwendungsfall wäre z.B. gegeben, wenn der Drucker aus irgendeinem Grund den Druck abbricht (Papierende u. dgl.). Das erneute Drucken der gesamten Datei wäre relativ aufwendig.

Mit dem Kommando zum Ausdruck des noch nicht gedruckten *Dateibereiches* ist man wesentlich schneller und wirtschaftlicher.

Es gibt außer den genannten Steuerparametern in Kap. 11.4 noch Steuerparameter, die nur beim Druck von Dateien sinnvoll verwendet werden können. Daher wurden sie beim Kopieren von Dateien nicht aufgeführt. Dies sind insbesondere:

● Der Steuerparameter Pn

Der Steuerparameter Pn bewirkt, daß nach jeder n-ten Zeile ein Seitenvorschub vorgenommen wird.

Beispiel 11.29

PIP␣LST := TEXT [P4∅]

Nach jeweils 4∅ Zeilen der Datei TEXT wird auf eine neue Seite übergegangen und anschließend weiter gedruckt.

● Der Steuerparameter F

Mit Hilfe des Steuerparameters F werden die Seitenvorschubzeichen gelöscht.

● Der Steuerparameter Tn

Bei der Erzeugung von Dateien können Tabulatorsteuerzeichen eingefügt werden (CTRL I). Die normale Schrittweite beträgt 8 (vgl. Beispiel 11.27).

Mit Hilfe des Steuerparameters Tn kann die Schrittweite des Tabulatorsteuerzeichens nachträglich auf einen anderen Wert gesetzt werden. Die Schrittweite wird durch die ganze Zahl n festgelegt.

11.6 Abbruch des PIP-Kommandos

Wird während der Datenübertragung eine beliebige Taste gedrückt, so wird das PIP-Kommando in seiner Ausführung abgebrochen.

Die unvollständige Datenübertragung wird dem Benutzer durch folgende Angabe auf dem Bildschirm mitgeteilt:

ABORTED
(zu deutsch: abgebrochen)

Zum Schluß dieses Kapitels sei erwähnt, daß i. a. von ASCII-Dateien ausgegangen wurde. Für die Behandlung von Nicht-ASCII-Dateien sind einige besondere CP/M-Kommandos vorhanden, auf die hier jedoch nicht näher eingegangen werden soll.

Die Vorgehensweise ist den speziellen CP/M-Handbüchern nach dieser Einführung unschwer zu entnehmen.

11.7 Zusammenfassung

Das PIP-Kommando dient zur Übertragung von Dateien zwischen zwei peripheren Geräten des Mikrocomputers.

Es bietet außerdem weitere Möglichkeiten zur Dateibehandlung. Die beiden wichtigsten Datenübertragungswünsche sind.

— das Kopieren von Dateien und

— das Ausdrucken von Dateien.

1 Kopieren von Dateien

● Kopierkommando

Die allgemeine Form des Kommandos zum Kopieren mehrerer Dateien verschiedener Art ist.

```
PIP ↵
Kopierauftrag 1 ↵
Kopierauftrag 2 ↵
 .
 .
 .
Kopierauftrag n ↵
↵
```

Die allgemeine Form des Kommandos zum Kopieren einzelner Dateien ist

```
PIP ↵
Kopierauftrag ↵
↵
```

bzw.

```
PIP␣Kopierauftrag ↵
```

● Kopierauftrag

Die allgemeine Form des Kopierauftrages ist:

```
LW : Dateiname der Kopie = LW : Dateiname des Originals
```

(LW = Laufwerksangabe)

Bei Gleichheit der Laufwerksangaben müssen aus Gründen der Eindeutigkeit die Dateinamen von Kopie und Original unterschiedlich sein.

Bei Gleichheit der Dateinamen von Kopie und Original müssen die Disketten von Kopie und Original aus Gründen der Eindeutigkeit in unterschiedlichen Laufwerken liegen.

Bei formal falscher Eingabe der Kopierkommandos erscheint die Fehlermeldung:

> INVALID FORMAT   (ungültiges Format)

● Schreibvereinfachungen

Es gibt für einige Fälle Vereinfachungen, die den Schreibaufwand bei der Eingabe der Kopierkommandos verringern.

— *Kopieren von Dateigruppen*

Die Dateinamen dürfen im **PIP**-Kommando auch Dateigruppenzeichen (? , *) enthalten.

Man erspart sich die Eingabe aller einzelnen Dateien in Form von mehreren Kopieraufträgen.

— *Kopieren bei gleichen Dateinamen von Original und Kopie*

Soll eine Kopie einer Datei den gleichen Dateinamen erhalten wie das Original, so kann der Dateiname bei der Kopie entfallen.

> LW := LW : Dateiname des Originals

— *Benutzung des Systemlaufwerkes beim Kopieren*

Befindet sich die Datei des Originals auf einer Diskette im Systemlaufwerk A, so kann die Laufwerksbezeichnung vor dem Dateinamen des Originals entfallen. Entsprechendes gilt, wenn die Kopie auf einer Diskette in Laufwerk A zu erstellen ist. Der vereinfachte Kopierauftrag lautet somit für beide Alternativen:

Original in LW A:	LW: Dateiname Kopie = Dateiname Original
Kopie auf LW A:	Dateiname Kopie = LW: Dateiname Original

Bei gleichen Dateinamen kann weiter vereinfacht werden. Es gilt:

Original in LW A:	LW: = Dateiname Original
Kopie auf LW A:	Dateiname Original = LW:

Ist eine Datei mit dem Dateinamen der Dateikopie schon vorhanden, so wird diese Datei gelöscht und durch die Kopie ersetzt.

Für eine problemlose Benutzung des PIP-Kommandos sollte die Systemdiskette i. a. in Laufwerk A liegen.

Eine Problematik entsteht, wenn der Inhalt einer vollen Diskette ohne CP/M auf eine andere leere Diskette ohne CP/M bei nur zwei Laufwerken übertragen werden soll. Dann kann die Systemdiskette, die einen gewissen Speicherbedarf für die CP/M-Dateien aufweist, nicht verwendet werden. In so einem Fall geht man wie folgt vor:

— Einlegen der Systemdiskette in LW A.
— CP/M starten.
— Neue Diskette in LW B einlegen.

- Laden von PIP (ohne Kopierauftrag!).
- Herausnehmen der Systemdiskette aus LW A.
- Diskette mit der Originaldatei in LW A einlegen.
- Kopierauftrag (LWA → LWB) eingeben und ausführen lassen.
- Herausnehmen der Diskette aus LW A.
- Einlegen der Systemdiskette in LW A.
- Beenden des PIP-Kommandos.

2 Verketten von Dateien

Die allgemeine Form zum Verketten von Dateien ist:

> PIP␣ LW: verkettete Datei = LW: Datei 1, LW: Datei 2, ... , LW: Datei n ↵

Das Verkettungskommando darf insgesamt max. 255 Zeichen enthalten. Ein eventuell nötiger Zeilenwechsel im Kommando kann mit CTRL E bewirkt werden.

Es können auch mehrere Verkettungen auf einmal vorgenommen werden.

3 Steuerparameter beim Kopieren von Dateien

Mit Hilfe einer Reihe von Steuerparametern kann der Kopiervorgang beeinflußt werden.

Die Steuerparameter werden in eckigen Klammern hinter dem gewohnten PIP-Kommando angefügt. Somit ergibt sich die allgemeine Form zu.

> PIP␣ Kopierauftrag [Steuerparameter] ↵

Es können auch mehrere Steuerparameter gleichzeitig in den eckigen Klammern angegeben werden. Sie werden ohne Trennungszeichen einfach aneinander gefügt und in der angegebenen Reihenfolge bearbeitet.

Die wichtigsten Steuerparameter beim Kopieren von Dateien sind:

V	Nach dem Kopiervorgang wird die Kopie noch einmal mit dem Original verglichen. Übertragungsfehler werden angezeigt (Prüflesen).
N	Es wird jeder Zeile der zu übertragenden Datei eine Zeilennummer vorangestellt (Zeilennummerierung).
Q	Abbruch des Kopiervorgangs, wenn eine bestimmte Zeichenfolge in der Originaldatei auftritt.
S	Beginn des Kopiervorgangs, wenn eine bestimmte Zeichenfolge in der Originaldatei auftritt.
E	Anzeige der z. Z. übertragenen Datei.
O	Übertragen von Objektdateien.

4 Drucken von Dateien

Die allgemeine Form des Druckkommandos zum Ausdrucken von Dateien, die sich auf Disketten befinden, ist:

> PIP␣Gerätebezeichnung: = LW: Dateiname der zu
>   des Druckers   druckenden Datei

Die Seite rechts vom Gleichheitszeichen kennzeichnet den Datensender, der i. a. ein Diskettenlaufwerk ist. In diesem Fall gelten für den Datensender die gleichen Regeln wie beim Kopieren von Dateien von einem Diskettenlaufwerk zum anderen.

Als Gerätebezeichnung für den Drucker werden im Druckkommando logische und physikalische Gerätenamen verwendet. Dies sind insbesondere:

— LST
— TTY
— LPT
— UL1
— PRN

Die Gerätebezeichnung PRN weist noch einige Besonderheiten auf. Sie sorgt

— für einen automatischen Formularvorschub nach 60 gedruckten Zeilen,
— für eine automatische Zeilennummerierung,
— tabulierte Darstellung des Druckes (CTRL I wird berücksichtigt, standardmäßige Schrittweite 8).

Es können auch Dateien im Druckbild verkettet werden, ohne vorher eine verkettete Datei auf einer Diskette erzeugen zu müssen.

Steuerparameter beim Drucken:

Pn	Nach jeder n-ten Zeile wird ein Seitenvorschub vorgenommen.
F	Löschen von Seitenvorschubzeichen.
Tn	Setzen der Tabulatorschrittweite auf n Druckspalten.

5 Abbruch des PIP-Kommandos

Das PIP-Kommando kann während der Datenübertragung durch Drücken einer beliebigen Taste abgebrochen werden. Dies wird dem Anwender gemeldet durch folgende Anzeige auf dem Sichtschirm:

ABORTED

d.h. abgebrochen.

11.8 Übungsaufgaben

Die Lösungen der folgenden Übungsaufgaben finden Sie in Kap. 19.

Aufgabe 11.1

Sind folgende Kopierkommandos erlaubt?

Nr.	Kopierkommando	Ja	nein	Erläuterung
1	PIP␣BSP 2 = BSP ↵	O	O	
2	PIP␣B: BSP = BSP ↵	O	O	
3	PIP␣A:BSP 3 = B: BSP ↵	O	O	
4	PIP␣BSP 4 = B: BSP ↵	O	O	
5	PIP␣B: = BSP?	O	O	
6	PIP␣B:= *.COM	O	O	

Aufgabe 11.2

Es stellt sich heraus, daß die Datei BSP1 auf einer Diskette *mit* CP/M verfälscht wurde
(z. B. durch magnetische Umwelteinflüsse). Die Sicherungsdatei BSP1.BAK, die auf der
gleichen Diskette automatisch angelegt wurde, ist jedoch in Ordnung. Es soll nun mit Hilfe
der Sicherungsdatei wieder eine korrekte Datei erstellt werden. Geben Sie dazu die Kommandos an. Der Inhalt von BSP1 und BSP1.BAK sei identisch.

Aufgabe 11.3

Eine nicht sehr umfangreiche Datei mit dem Namen RATE soll auf eine neue, leere Diskette
übertragen werden. Geben Sie die einzelnen Schritte zum Kopieren an, wenn über die Systemdiskette kopiert werden soll.

Aufgabe 11.4

Sind folgende Kommandos zum Verketten von Dateien formal richtig?

Nr.	Kommando	Ja	Nein
1	PIP␣A = B, C ↵	O	O
2	PIP␣A:A = B:B, C:C ↵	O	O
3	PIP␣A:A:= B, C ↵	O	O
4	PIP ↵ ADD.BAS, SUB.BAS, MULT.BAS ↵ ↵	O	O
5	PIP ↵ GES = TEIL 1, TEIL 2 ↵ VERK.FOR = RECHN1.FOR + UP2.FOR + UP1.FOR ↵ ↵	O	O

Aufgabe 11.5

Was bewirken folgende Steuerparameter?

Nr.	Steuerparameter	Erläuterung
1.	V	
2.	S	
3.	O	

Aufgabe 11.6

Welches Dateidruck-Kommando ist falsch bzw. richtig?

Nr.	Dateidruck-Kommando	Falsch	Richtig	Erläuterung
1	PIP⎵PRT: = B : ADD.BAS	O	O	
2	PIP⎵LST: = BRIEF.TXT	O	O	
3	PIPTTY : = D : A.B	O	O	
4	PIP⎵CRT : = A	O	O	
5	PIP⎵LPT = C: TAB	O	O	

Aufgabe 11.7

Wie erhält man eine Druckausgabe von jeweils 40 Zeilen, wenn als Gerätebezeichnung PRN
benutzt wird?

Aufgabe 11.8

Wie kann man in einem Ausdruck die normale Schrittweite bei vorhandenen Tabulatorsteuerzeichen (Schrittweite 8) auf 5 verringern?

Aufgabe 11.9

Wie kann man die Datenübertragung während der Übertragung abbrechen?

12 Das TYPE-Kommando

Bislang wurde in diesem Buch so vorgegangen, daß Dateiinhalte mit Hilfe des Editors auf dem Sichtschirm ausgegeben wurden. Folgende Kommandos bzw. Befehle mußten dazu eingegeben werden (vgl. Kap. 10.3.1 und 10.3.3).

ED Dateiname ↵	Starten des Editors.
#A ↵	Laden der Datei in den Arbeitsspeicher.
#T ↵	Anzeigen der Datei.

Dieses Verfahren ist etwas umständlich. Einfacher ist die Verwendung des TYPE-Kommandos. Das Type-Kommando ist ein dauerhaft gespeichertes CP/M-Kommando (vgl. Kap. 4.4.1).

> **Die allgemeine Form des TYPE-Kommandos ist:**
>
> **TYPE Laufwerksangabe: Dateiname ↵**

Mit diesem TYPE-Kommando kann jede ASCII-Datei auf einfache Weise schnell auf dem Bildschirm angezeigt werden. Dies ist in der Praxis wichtig,

- z. B. zum Überprüfen, welchen Inhalt eine Datei aufweist,
- oder um zu sehen, ob sie fehlerhaft ist und dgl.

Weist eine Datei mehr als 24 Zeilen auf, d. h. mehr Zeilen als der Bildschirm besitzt, so fangen die Zeilen an, sich zum oberen Rand hin wegzubewegen. Neue Zeilen rücken von unten nach. Dies ist störend, wenn ein Teil der Datei gezielt genauer betrachtet werden soll.

> **Mit Hilfe des Steuerzeichens**
>
> **CTRL S**
>
> **läßt sich die Bildschirmausgabe anhalten.**

Man hat anschließend Zeit zum genauen Betrachten der Ausgabe. Durch Drücken einer beliebigen Taste kann die Ausgabe fortgesetzt werden.

Beispiel 12.1

Es soll der Inhalt der Datei BSP, die sich auf einer Diskette in Laufwerk B befindet, auf dem Bildschirm ausgegeben werden. Dazu dient folgendes Kommando:

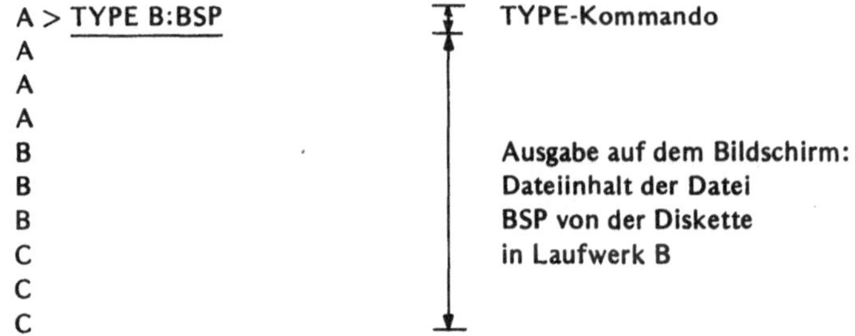

Der Dateiinhalt besteht aus 9 Buchstaben in 9 Zeilen.

Beispiel 12.2

Es soll der Inhalt der Datei TAB (Beispiel 11.27), die sich auf einer Diskette in Laufwerk A befindet, auf dem Bildschirm ausgegeben werden.

```
A > TYPE TAB
01234567890123456789012345678901 23456789
0         1         2         3         4
```

Dieses Beispiel zeigt:

— Die Tabulatorsteuerzeichen (CTRL I), die während des Editierens mit in die Datei eingegeben wurden, werden bei der Ausgabe über den Bildschirm berücksichtigt.
— Andere Steuerzeichen (Zeilenvorschub, Zeilennummerierung, Seitenvorschub usw.) sind bei einer Ausgabe mit Hilfe des TYPE-Kommandos nicht möglich. Es handelt sich also um eine sehr einfache Ausgabeform.
— Die Laufwerksangabe kann entfallen, wenn sich die Datei auf einer Diskette im Systemlaufwerk A befindet.

Beispiel 12.3

Auf einer Diskette in Laufwerk B mögen die Dateien BSP1, BSP2 und BSP3 gespeichert sein. Sie sollen auf dem Bildschirm ausgegeben werden. Man gibt unter Verwendung des Dateigruppenzeichens ? folgendes Kommando ein:

```
TYPE  B:BSP?  ↵
```

Es erfolgt keinerlei Ausgabe der Dateien auf dem Sichtschirm, sondern nur die Fehlermeldung:

```
B:BSP??
```

Dieses Beispiel zeigt, daß keine Datei*gruppen* mit dem TYPE-Kommando ausgegeben werden können, sondern nur einzelne Dateien.

Zusammenfassung

> Die allgemeine Form des TYPE-Kommandos ist:
>
> | TYPE⎵Laufwerksangabe:Dateiname |
>
> Mit Hilfe des TYPE-Kommandos kann jede ASCII-Datei schnell und einfach auf dem Bildschirm angezeigt werden.
>
> Die Laufwerksangabe kann entfallen, wenn sich die Datei auf einer Diskette im Systemlaufwerk befindet.
>
> Tabulatorsteuerzeichen (CTRL I), die in der Datei enthalten sind, werden berücksichtigt.
>
> Es können keine Datei*gruppen* ausgegeben werden.

Übungsaufgabe 12.1

Die Lösung der folgenden Übungsaufgabe befindet sich in Kap. 19.

Es soll eine Datei mit dem Namen BAUM und folgendem Inhalt (Bild 12.1) auf einer Diskette in Laufwerk B erzeugt und mit Hilfe des TYPE-Kommandos ausgegeben werden.

```
    *
   ***
  *****
   ***
 *******
    *
    *
```

Bild 12.1: Inhalt der Datei BAUM

Geben Sie die zugehörigen Kommandos an.

13 Ausdruck der Bildschirmausgabe

Mit Hilfe des PIP-Kommandos war der Anwender in der Lage, Dateien ausdrucken zu lassen (vgl. Kap. 11.5).

Der Anwender hat jedoch in der Regel auch den Wunsch, andere Ausgaben, die auf dem Bildschirm möglich sind, auf Papier ausdrucken zu lassen, wie z. B.:

- Ausdruck des Dateiinhaltsverzeichnisses zur Dokumentation.
- Ausdruck der Laufwerkscharakteristiken.
- Ausdruck des Speicherplatzbedarfs von Dateien.
- Ausdruck der aktuellen Gerätezuordnungen.
- Ausdruck der Eingaben (Kommandos) des Anwenders, die normalerweise auf dem Bildschirm zur Kontrolle ausgegeben werden.

Wenn alles das, was auf dem Bildschirm ausgegeben wird, auch ausgedruckt werden soll, kann dieses Druckkommando selbstverständlich auch dazu benutzt werden, Dateiinhalte auszudrucken.

> **CP/M bietet die Möglichkeit, alles das, was auf dem Bildschirm ausgegeben wird, gleichzeitig parallel auszudrucken. Dazu ist vor der gewünschten Ausgabe auf dem Drucker folgendes Steuerzeichen einzugeben:**
>
> **| CTRL | P |**

Das Druckbild entspricht exakt dem Bild, das sich bei der Ausgabe über den Sichtschirm ergibt.

> **Soll der Druckvorgang beendet werden, so ist das Steuerzeichen | CTRL | P | noch einmal einzugeben.**

- Ausdruck von Dateiinhalten

Mit Hilfe des PIP-Kommandos konnten Dateiinhalte ausgedruckt werden. Eine andere Möglichkeit bietet folgender Weg:

	CTRL	P |	Parallelschalten des Druckers zum Sichtschirm.
TYPE␣Laufwerksangabe : Dateiname ↵	Ausdruck eines Dateiinhaltes.
	CTRL	P |	Druckerparallelschaltung abschalten.

Dieses Druckkommando ist einfach und einprägsam und ist gut geeignet, sich schnell einen Ausdruck einer Datei anfertigen zu lassen.

Die Nachteile gegenüber der Druckerausgabe mit Hilfe von PIP sind folgende:

— Es werden entsprechend dem TYPE-Kommando nur die Tabulatorsteuerzeichen (CTRL I) standardmäßig (Schrittweite 8) berücksichtigt. Der Ausdruck mit Hilfe von PIP hat jedoch über Steuerparameter weitere Möglichkeiten wie z. B.:

- Seitenvorschübe vorgeben,
- die Schrittweite der Tabulatorfunktion verändern,
- Zeilen numerieren usw.

Dies alles ist mit |CTRL|P| und dem TYPE-Kommando nicht möglich.

— Es können ferner keine Dateigruppen ausgedruckt werden.

— Es kann keine Dateiverkettung allein auf dem Ausdruck vorgenommen werden (Dateien müssen vorher verkettet werden).

Beispiel 13.1

Es soll der Inhalt der Datei BSP 1 von Laufwerk B ausgedruckt werden.

Eingabe	Erläuterung
CTRL P	Drucker parallel schalten.
TYPE B: BSP 1	Druckbefehl für die Datei BSP 1 von Laufwerk B eingeben.
A	
A	Ausdruck des Dateiinhaltes.
A	
CTRL P	Drucker abschalten.

- Ausdruck des Dateiinhaltsverzeichnisses

Die Inhaltsverzeichnisse von Dateien auf Disketten lassen sich wie folgt ausdrucken.

Eingabe:

```
|CTRL P|

DIR ↵
```

Ausgabe (Beispiel):

```
A: BSP 1      BAK: M 80        COM: ED          COM: PIP        COM
A: DDT        COM: SUBMIT      COM: LD80E       COM: DUMP       COM
A: CREF80     COM: CPMTRANS    COM: CPMCOPY     COM: ADD        BAS
A: ADD        BAK: STAT        COM: TAB         BAK: TAB
A: A          BAK: A             : B            BAK: B
A: C          BAK: C
```

- Ausdruck der freien Speicherkapazität auf den Disketten

Die freie Speicherkapazität einer Diskette läßt sich wie folgt ausdrucken:

Eingabe.

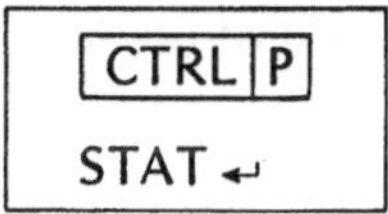

Ausgabe (Beispiel):

```
A: R/W,  Space:    72k
B: R/W,  Space:   115k
```

● Ausdruck des benötigten Speicherplatzes einer Datei auf der Diskette

Der benötigte Speicherplatz einer Datei BSP auf einer Diskette in Laufwerk B läßt sich wie folgt ausdrucken:

Eingabe:

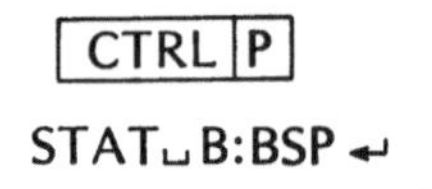

Ausgabe (Beispiel):

```
 Recs    Bytes  Ext  Acc
    1      1 k    1   R/W B:BSP
Bytes  Remaining  On  B.   115 k
```

● Ausdruck der aktuellen Gerätezuordnung

Die aktuelle Gerätezuordnung läßt sich wie folgt ausdrucken.

Eingabe:

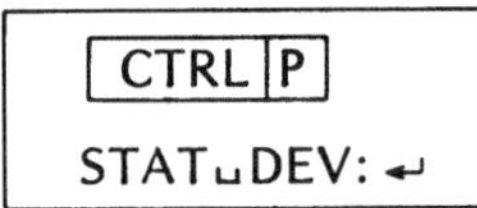

Ausgabe (Beispiel):

```
CON  :  is  TTY :
RDR  :  is  TTY :
PUN  :  is  TTY :
LST  :  is  TTY :
```

Zusammenfassung

CP/M bietet die Möglichkeit, alles das, was auf dem Bildschirm ausgegeben wird, gleichzeitig parallel auszudrucken. Dazu ist, vor der gewünschten Ausgabe auf dem Drucker, folgendes Steuerzeichen einzugeben:

CTRL P

Soll der Druckvorgang beendet werden, so ist das Steuerzeichen CTRL P noch einmal einzugeben.

Übungsaufgabe 13.1

Die Lösung der folgenden Übungsaufgabe finden Sie in Kap. 19.

Geben Sie an, wie Sie sich die Laufwerkscharakteristiken der Diskettenstation ausdrucken lassen können.

14 Das ERA-Kommando

Bislang wurden nur Dateien auf den Disketten gespeichert. Es muß jedoch auch für den Anwender die Möglichkeit bestehen, Dateien, die nicht mehr gewünscht werden, von den Disketten zu *löschen*. Dazu dient das *ERA-Kommando* (ERA ist eine englische Kurzform für erase, d. h. löschen). Es ist dauerhaft gespeichert (vgl. Kap. 4.4.1).

Mit Hilfe des ERA-Kommandos können Dateien gelöscht werden. Die allgemeine Form des ERA-Kommandos ist:

> **ERA⎵Laufwerksangabe: Datei(gruppen)name ↵**

Wird auf der Diskette in dem angegebenen Laufwerk keine Datei mit dem angegebenen Datei(gruppen)namen gefunden, erscheint die Fehlermeldung:

FILE NOT FOUND
d. h. Datei nicht gefunden.

bzw. einfach:

NO FILE
d. h. keine Datei

Da ein Irrtum bei der Eingabe des ERA-Kommandos weitreichende Folgen haben kann, sollte das ERA-Kommando mit Bedacht gegeben werden. Dies gilt insbesondere beim Löschen von Datei*gruppen*. Hier können eventuell Dateien mit gelöscht werden, die man eigentlich nicht löschen wollte. Es empfiehlt sich daher, vor dem Löschen das Dateiinhaltsverzeichnis genau zu betrachten (Eingabe des DIR-Kommandos).

Möchte man ein versehentliches Löschen von Dateien vermeiden, so gibt es verschiedene Möglichkeiten zum Schutz:

- Schreibschutz ganzer Disketten.

  Der Schreibschutz ist ein Schutz vor zufälligem Löschen, denn er verhindert das Überschreiben von Dateien mit Informationen oder mit keinerlei Informationen.

  Beim Schreibschutz ganzer Disketten gibt es zwei prinzipielle Möglichkeiten:
  - Schreibschutzkerbe der Diskette frei machen (Klebestreifen entfernen (vgl. Kap. 2.2.3)).
  - Diskette mit Hilfe des STAT-Kommandos als R/O (Kurzform für engl. Read Only, d. h. nur lesen) erklären (vgl. Kap. 9.6).

- Schreibschutz einzelner Dateien auf einer Diskette.

  Mit Hilfe des STAT-Kommandos können auch *einzelne* Dateien auf einer Diskette gegen ein versehentliches Löschen geschützt werden. Darauf wurde in diesem Buch jedoch nicht näher eingegangen.

Löschen aller Dateien auf einer Diskette

Alle Dateien einer Diskette können mit dem Kommando

> ERA␣Laufwerksangabe: * . *

gelöscht werden. Dieses Kommando ist sehr effektiv, aber auch gefährlich. Daher wird vor der Ausführung des Kommandos vom System gefragt, ob auch wirklich alle Dateien gelöscht werden sollen. Es wird ausgegeben:

    ALL FILES

Erst wenn der Anwender die Taste Y für YES (ja) drückt, wird tatsächlich gelöscht.

Das Drücken der Taste N für NO (nein) verhindert das Löschen.

Beispiel 14.1

Auf einer Diskette in Laufwerk B sind folgende Dateien vorhanden:

```
B: ????????    $$$ : BSP1    BAK: RATE     FOR: RATE     REL
B: RATE        COM: BSP1        : TAB      FOR: TAB      REL
B: TAB         COM: SUM     FOR: BSP2      BAK: SUM      REL
B: SUM         COM: BSP2        : REM      LIB : ADD     BAS
B: BSP3        BAK: BSP3        : BSP         : BAUM     BAK
B: BAUM           : HAUS        : HAUS     BAK: SCHIFF   BAK
B: SCHIFF
```

Mit folgendem Kommando wird die Datei BSP gelöscht:

    ERA␣B:BSP ↵

Die Löschung kann u. a. mit Hilfe des DIR-Kommandos nachgewiesen werden.

    DIR␣B: ↵

Im Inhaltsverzeichnis fehlt nun der Dateiname BSP, wie folgender Ausdruck zeigt:

```
B: ????????    $$$ : BSP1    BAK: RATE     FOR: RATE     REL
B: RATE        COM: BSP1        : TAB      FOR: TAB      REL
B: TAB         COM: SUM     FOR: BSP2      BAK: SUM      REL
B: SUM         COM: BSP2        : REM      LIB : ADD     BAS
B: BSP3        BAK: BSP3        : BAUM     BAK: BAUM
B: HAUS           : HAUS     BAK: SCHIFF   BAK: SCHIFF
```

Beispiel 14.2

Es sollen, direkt anschließend an das Beispiel 14.1, die Dateien BSP1, BSP1.BAK, BSP2, BSP2.BAK, BSP3, BSP3.BAK gelöscht werden. Diese Datei*gruppe* wird mit folgendem Löschkommando gelöscht:

    ERA␣B:BSP?.* ↵

Mit Hilfe des DIR-Kommandos kann wieder überprüft werden, ob die Löschung erfolgreich war.

    DIR␣B: ↵

Dies führt zu folgendem Ausdruck:

```
B: ????????    $$$ : RATE    FOR: RATE     REL: RATE     COM
B: TAB         FOR: TAB      REL: TAB      COM: SUM      FOR
B: SUM         REL: SUM      COM: REM      LIB : ADD     BAS
B: BAUM        BAK: BAUM        : HAUS        : HAUS     BAK
B: SCHIFF      BAK: SCHIFF
```

Das Löschkommando hat die gewünschten Dateien gelöscht.

Beispiel 14.3

Geht man von den Dateien aus, die noch nach den Löschungen in Beispiel 14.2 vorhanden sind, und gibt das Kommando:

    ERA␣B:BSP ↵

so wird ausgegeben:

    NO FILE

da diese Datei nicht auf der Diskette vorhanden ist (Sie wurde schon in Beispiel 14.1 gelöscht).

Beispiel 14.4

Entfernt man die Schreibschutzkerbe der Diskette in Laufwerk B und gibt den Löschbefehl, z. B.:

    ERA␣B:SCHIFF ↵

so erscheint die Fehlermeldung

    B DOS ERR ON B:BAD SECTOR

Beispiel 14.5

Man kann die Diskette auch mit Hilfe des STAT-Kommandos gegen zufälliges Löschen schützen.

    A > STAT B:BAUM.BAK

    Recs   Bytes   Ext   Acc
       0   0k   1   R/W B:BAUM.BAK
    Bytes Remaining On B: 117k

Mit Hilfe dieses STAT-Kommandos wird gezeigt, daß die Datei BAUM.BAK auf der Diskette in Laufwerk B noch nicht schreibgeschützt ist (unter Acc steht R/W B:BAUM.BAK, vgl. Kap. 9.2). Gibt man nun das Kommando zum Schreibschutz der Diskette in Laufwerk B (vgl. Kap. 9.6):

    STAT␣B:=R/O ↵

und anschließend das Löschkommando

    ERA␣B:BAUM.BAK ↵

so wird folgende Fehlermeldung ausgegeben:

    B DOS ERR ON B:R/O

Der Zusatz R/O gibt an, daß von der Diskette nur gelesen werden kann (engl. R̲ead O̲nly, d. h. nur lesen).

Zusammenfassung:

> Mit Hilfe des ERA-Kommandos können Dateien und Dateigruppen gelöscht werden. Die allgemeine Form des ERA-Kommandos ist:
>
> > ERA␣Laufwerksangabe:Datei(gruppen)name
>
> Zur Löschung ganzer Dateigruppen sind innerhalb der Dateinamen entsprechende Dateigruppenzeichen zu verwenden.

Übungsaufgabe:

Die Lösung der folgenden Übungsaufgabe finden Sie in Kap. 19.

Aufgabe 14.1

Es soll vom Inhaltsverzeichnis des Beispiels 14.2 ausgegangen werden. Geben Sie das Löschkommando zum Löschen der Dateien:

    TAB.FOR, TAB.REL und TAB.COM

15 Das REN-Kommando

Der Anwender hat in manchen Fällen den Wunsch, Dateien umzubenennen. Dies ist z. B. der Fall, wenn Sicherungsdateien (Dateiergänzungsname BAK) im Fall des Defektes oder Verlustes der Originaldateien zu Originaldateien werden sollen.

Dazu dient u. a. das REN-Kommando (REN ist die englische Kurzform für <u>ren</u>aming, d. h. umbenennen). Es ist ein dauerhaft gespeichertes Kommando (vgl. Kap. 4.4.1).

> **Mit Hilfe des REN-Kommandos können Dateien umbenannt werden. Die allgemeine Form des REN-Kommandos ist:**
>
> > **REN⎵Laufwerksangabe: neuer Dateiname=Laufwerksangabe:alter Dateiname**
>
> **Die Laufwerksangaben müssen beim alten und neuen Dateinamen gleich sein.**

Dies liegt darin begründet, daß nur der Datei*name* im Dateiinhaltsverzeichnis umbenannt wird, nicht jedoch der *Inhalt* der Datei. Der Inhalt bleibt nach wie vor unverändert auf der gleichen Diskette.

Die Laufwerksbezeichnung kann beim alten Dateinamen entfallen. Wird das Systemlaufwerk A benutzt, können sogar *beide* Laufwerksbezeichnungen entfallen.

> **Der „neue Dateiname" darf noch nicht als Dateiname auf der Diskette vorhanden sein.**

Dies ist aus Gründen der Eindeutigkeit der Dateinamen zu fordern. Auf einer Diskette darf ein bestimmter Dateiname nur einmal vorkommen.

> **Das REN-Kommando kann jeweils nur auf eine Datei angewendet werden.**

Fehlermeldungen.

- Wird der angegebene alte Dateiname nicht gefunden, erscheint die Fehlermeldung:

      NO FILE   (keine Datei)

- Werden zwei unterschiedliche Laufwerksbezeichnungen eingegeben, erscheint die Fehlermeldung.

      Laufwerksangabe: alter Dateiname?

- Wird ein schon auf der Diskette vorhandener Dateiname als neuer Dateiname gewählt, erscheint die Fehlermeldung:

      FILE EXISTS   (Datei existiert)

- Werden Dateigruppenzeichen im Dateinamen verwendet, erscheint die Fehlermeldung:

      LW:neuer Dateiname=LW: alter Dateiname?
      (LW=Laufwerksangabe)

Mit Hilfe des PIP-Kommandos konnten ebenfalls Dateien umbenannt werden (vgl. Kap. 11.2), denn der Name der Kopie mußte nicht dem Namen des Originals entsprechen. Der Unterschied zwischen PIP-und REN-Kommando ist folgender:

- Das PIP-Kommando tauscht nicht nur den Namen der Datei aus, sondern den ganzen Inhalt. Es entsteht eine neue Datei, die Kopie. Die alte Datei muß gelöscht werden, wenn *nur* die *Umbenennung* wichtig ist.

Die Umbenennung einer Datei mit Hilfe des PIP-Kommandos ist somit weitaus aufwendiger als mit Hilfe des REN-Kommandos.

Einerseits dauert das Kopieren einer Datei mit PIP länger als das alleinige Ändern des Dateiinhaltsverzeichnisses mit REN.

Andererseits ist das zusätzliche Löschen (ERA) der alten Datei (Original) ein zusätzlicher Eingabe- und Zeitaufwand.

Beispiel 15.1

Auf einer Diskette in Laufwerk B möge folgendes Datei-Inhaltsverzeichnis vorliegen:

```
B: RATE        FOR: RATE       REL: RATE       COM: TAB        FOR
B: TAB         REL: TAB        COM: SUM        FOR: SUM        REL
B: SUM         COM: REM        LIB : ADD       BAS : BAUM      BAK
B: BAUM            : HAUS          : HAUS       BAK: SCHIFF     BAK
B: SCHIFF
```

Es soll die Datei REM.LIB in BSP.LIB umbenannt werden und die Umbenennung kontrolliert werden. Die Kommandos und deren Ergebnisse zeigen folgende Ausdrucke:

```
A > REN B:BSP.LIB = B: REM.LIB
A > DIR B:
B: RATE        FOR: RATE       REL: RATE       COM: TAB        FOR
B: TAB         REL: TAB        COM: SUM        FOR: SUM        REL
B: SUM         COM: BSP        LIB : ADD       BAS : BAUM      BAK
B: BAUM            : HAUS          : HAUS       BAK: SCHIFF     BAK
B: SCHIFF
```

Beispiel 15.2

Es möge das Dateiinhaltsverzeichnis des Beispiels 15.1 nach der Umbenennung vorliegen. Es wird folgendes Umbenennungskommando gegeben:

```
REN⎵B:NEU=B:ALT
```

Da die Datei ALT nicht auf der Diskette in Laufwerk B enthalten ist, wird die Fehlermeldung:

```
NO FILE    (keine Datei)
```

ausgegeben.

Beispiel 15.3

Es gelten die gleichen Voraussetzungen wie in Beispiel 15.2. Es wird folgendes Kommando gegeben:

```
REN⎵A:NEU.LIB=B:BSP.LIB
```

Da zwei verschiedene Laufwerke angegeben wurden, erscheint die Fehlermeldung:

```
B:BSP.LIB?
```

Beispiel 15.4

Es gelten noch immer die gleichen Voraussetzungen wie in Beispiel 15.2. Es wird folgendes Kommando
gegeben:

    REN⌴B:BSP.LIB=B:ADD.BAS

Es soll die vorhandene Datei ADD.BAS umbenannt werden in eine Datei mit dem Namen BSP.LIB. Diese Datei existiert jedoch schon auf der Diskette. Somit erscheint die Fehlermeldung:

    FILE EXISTS   (Datei existiert)

Zusammenfassung

> Mit Hilfe des REN-Kommandos können Dateien umbenannt werden. Die allgemeine
> Form des REN-Kommandos ist:
>
>   REN⌴LW: neuer Dateiname = LW : alter Dateiname
>
> Die Laufwerksangaben LW müssen beim alten und neuen Dateinamen gleich sein.
>
> Die Laufwerksangabe kann beim alten Dateinamen entfallen.
>
> Bei der Benutzung des Systemlaufwerks können sogar beide Laufwerksbezeichnungen
> entfallen.
>
> Der neue Dateiname darf noch nicht als Dateiname auf der Diskette vorhanden sein.
>
> Das REN-Kommando kann jeweils nur auf eine einzige Datei angewendet werden.

Übungsaufgaben

Die Lösungen der folgenden Übungsaufgaben finden Sie in Kap. 19.

Aufgaben 15.1

Es liegt folgendes Dateiinhaltsverzeichnis auf der Diskette in Laufwerk B vor:

B: RATE	FOR :	RATE	REL :	RATE	COM :	TAB	FOR
B: TAB	REL :	TAB	COM :	SUM	FOR :	SUM	REL
B: SUM	COM :	BSP	LIB :	ADD	BAS :	BAUM	BAK
B: BAUM	:	HAUS	:	HAUS	BAK :	SCHIFF	BAK
B: SCHIFF							

Welches der drei folgenden Kommandos ist richtig zur Umbenennung der Datei BSP.LIB
in eine Datei mit dem Namen REM.LIB?

a) REN⌴REM.LIB = B : BSP.LIB

b) REN⌴B : REM.LIB = BSP.LIB

c) REM⌴B : REM.LIB = B : BSP.LIB

Aufgabe 15.2

Es möge das gleiche Dateiinhaltsverzeichnis vorliegen wie in Aufgabe 15.1.

Es sollen alle FORTRAN-Dateien (Dateiergänzungsname FOR) in BASIC-Dateien umbenannt werden (Dateiergänzungsname BAS). Dazu wird folgendes Kommando gegeben:

    REN⌴B:*.BAS = B : *.FOR

Wie ändert sich das Dateiinhaltsverzeichnis?

16 Weitere CP/M-Kommandos

Es gibt noch eine Reihe weiterer CP/M-Kommandos, die im Rahmen dieser Einführung nicht alle so ausführlich besprochen werden können, wie die vorhergehenden Kommandos. Einige wenige sollen jedoch noch kurz angesprochen werden.

16.1 Das SUBMIT-Kommando

Bislang wurden die einzelnen CP/M-Kommandos nacheinander eingegeben und bearbeitet.

Es kommt in der Praxis häufig vor, daß mehrere CP/M-Kommandos stets in der gleichen Weise aufeinanderfolgen. Hier wäre es nützlich, wenn die Kommandos nicht immer wieder neu eingegeben werden müßten, sondern wie ein Programm nach einem Start-Kommando vollkommen selbständig ablaufen würden (sog. BATCH-Verarbeitung).

> **Mit Hilfe des SUBMIT-Kommandos können Kommandofolgen wiederholt ausgeführt werden.**

Das SUBMIT-Kommando ist ein von der Systemdiskette ladbares CP/M-Kommando (vgl. Kap. 4.4.2).

Die Kommandofolge selbst steht nicht direkt im SUBMIT-Kommando, sondern in einer speziellen Datei. Diese Datei *muß* den Dateiergänzungsnamen SUB führen. Sie wird wie jede beliebige andere Datei mit Hilfe des Editors erzeugt (vgl. Kap. 10.2).

> **Die Kommandofolge selbst steht in einer Datei vom Typ SUB.**
>
> **Der SUBMIT-Befehl führt die in der Datei vom Typ SUB aufgeführte Kommandofolge aus.**

Ein Programm ist erst dann besonders wirkungsvoll, wenn es nicht mit festen Werten arbeitet, sondern statt dessen Variablen zuläßt, die später aktuelle Werte zugewiesen bekommen. Erst dadurch wird es vielfältig anwendbar.

> **Entsprechend verwendet man in der Datei vom Typ SUB innerhalb der Kommandofolge spezielle Variablen: \$ 1, \$ 2, ... , \$ n, um die Kommandofolge vielfach nutzen zu können.**
>
> **Diese Variablen bekommen im SUBMIT-Kommando ihre Werte zugewiesen (W 1, W 2, ... , Wn). Die allgemeine Form des SUBMIT-Kommandos ist:**
>
> `SUBMIT⌴Dateiname W1, W2, ... , Wn ←`
>
> **Der Dateiname ist der Dateiname der Datei vom Typ SUB, in der die Kommandofolge steht.**

Beispiel 16.1

Die folgende Kommandofolge legt alle Parameter im einzelnen fest.

```
DIR⌴B: ↵
STAT⌴B : ADD.BAS ↵
PIP⌴A := B : ADD.BAS ↵
TYPE⌴ADD.BAS ↵
```

die Kommandofolge bewirkt folgendes:

Sie zeigt zunächst einmal das gesamte Dateiinhaltsverzeichnis der Diskette in Laufwerk B (DIR),
nähere Angaben zur Datei ADD.BAS (STAT),
kopiert diese Datei auf eine Diskette in Laufwerk A (PIP)
und zeigt den Inhalt der kopierten Datei an (TYPE).

Ersetzt man die Argumente der Kommandos durch spezielle Variablen, wird die Kommandofolge flexibler:

```
DIR⌴$1: ↵
STAT⌴$1:$2 ↵
PIP⌴$3 := $1 :$2 ↵
TYPE $2 ↵
```

Diese Datei wird z. B. BATCH1.SUB genannt und mit dem Editor erzeugt (vgl. Kap. 10.2).

Die Ausführung und Wertzuweisung erfolgt anschließend mit Hilfe des SUBMIT-Kommandos:

```
SUBMIT⌴BATCH1 B, ADD.BAS, A
```

Der Variablen $1 wird die Laufwerksangabe B zugewiesen,
der Variablen $2 der Dateiname ADD.BAS,
der Variablen $3 die Laufwerksangabe A.

Es ergibt sich in der Wirkung die am Anfang angegebene Kommandofolge.

Man ist jedoch wesentlich flexibler geworden. Ohne Änderung der Kommandofolge in der Datei
BATCH1.SUB könnte man eine andere Datei, z.B. BSP.TXT, von Laufwerk A zum Laufwerk B übertragen durch folgende Änderungen im SUBMIT-Kommando:

```
SUBMIT⌴BATCH1 A, BSP.TXT, B
```

16.2 Das DUMP-Kommando

Mit Hilfe des TYPE-Kommandos können nur ASCII-Dateien auf dem Sichtschirm bzw.
Drucker ausgegeben werden. Teilweise ist es aber auch erwünscht, Dateien, deren Daten
als Binärwerte gespeichert sind, in einer hexadezimalen Darstellung auszugeben.

**Mit Hilfe des DUMP-Kommandos kann der Inhalt einer Datei in hexadezimaler Form
auf dem Sichtschirm ausgegeben werden.**

Dump ist englisch und heißt auskippen, abladen, hier soviel wie auflisten von Dateiinhalten.

Die allgemeine Form des DUMP-Kommandos ist:

```
DUMP⌴ LW:Dateiname ↵
```

Die Ausgabe erfolgt in folgender Form:

- Am Anfang einer jeden Zeile wird die absolute hexadizimale Adresse des folgenden
  Datenbytes im Arbeitsspeicher ausgegeben.
- Auf die Adresse folgen in jeder Zeile 16 Daten-Bytes. Für die auf das erste Daten-Byte
  folgenden 15 Datenbytes werden keine Arbeitsspeicheradressen ausgegeben.

Mit Hilfe des DUMP-Kommandos können im Prinzip beliebige Dateien ausgegeben werden, denn es werden alle Daten binär gespeichert und lassen sich somit hexadezimal darstellen. Für ASCII-Dateien ist dies jedoch wenig sinnvoll. Günstig ist diese Darstellung bei Dateien, die entsprechend binär codiert sind. Dies gilt z. B. für ablauffähige Objektprogramme mit dem Dateiergänzungsnamen COM.

16.3 Das DDT-Kommando

Dateien müssen erstellt, auf Fehler untersucht und korrigiert werden können.

Bei ASCII-Dateien diente dazu das ED-Kommando (Kap. 10).

Bei hexadezimal codierten Dateien nimmt man i. a. das DDT-Kommando.

> **Mit Hilfe des DDT-Kommandos können Fehler an hexadezimal codierten Dateien erkannt und beseitigt werden.**

DDT ist die engl. Kurzform für Dynamic-Debugging Tool, d. h. dynamisches Debugging Werkzeug. Das Wort „Debugging" läßt sich schwer direkt ins Deutsche übersetzen. Es heißt eigentlich „entwanzen". Gemeint ist: Fehlersuche und -beseitigung.

Daher wird i. a. das englische Wort für diesen Vorgang beibehalten.

> **Die allgemeine Form des DDT-Kommandos ist:**
>
> > **DDT Laufwerksangabe:Dateiname ↵**

Das DDT-Kommando bringt die gesamte durch den Dateinamen gekennzeichnete Datei in den Arbeitsspeicher, liest und decodiert die Befehlszeilen. Mit Hilfe spezieller DDT-Befehle kann man die Datei ähnlich behandeln wie mit den Editor-Befehlen des Editor-Kommandos.

17 Laden von Programmen

Eine häufige Anwendung wird es sein, mit Hilfe von CP/M Programme zu entwickeln, als Datei abzuspeichern und in ablauffähige Programme umzuwandeln.

Die Quellprogramme müssen

- übersetzt und
- gebunden

werden, damit sie mit Hilfe von CP/M

- geladen und
- gestartet

werden können.

Diese einzelnen Vorgänge werden sichtbar, wenn man sich die Dateiinhaltsverzeichnisse nach den jeweiligen Vorgängen anschaut.

> **Das übersetzte Quellprogramm erzeugt eine Datei mit dem gleichen Hauptnamen wie das Quellprogramm, jedoch mit dem Dateiergänzungsnamen REL.**

Der Übersetzer ist selbst ein von Diskette ladbares Programm (Datei vom Typ COM, z. B. der BASIC-Compiler BAS.COM).

> **Das anschließend gebundene, ausführbare Maschinencodeprogramm ist eine Datei mit dem gleichen Hauptnamen wie das Quellprogramm, jedoch mit dem Dateiergänzungsnamen COM.**

Der Binder selbst (engl. linker) ist ebenfalls ein von Diskette ladbares Programm (LOAD. COM.).

> **Das ausführbare Maschinencodeprogramm wird in CP/M gestartet, indem einfach der Dateihauptname (ohne Dateiergänzungsname) eingegeben und anschließend die RETURN-Taste (↵) gedrückt wird.**
>
> **Die allgemeine Form ist:**
>
> > **Laufwerksangabe:Dateihauptname ↵**

CP/M sucht dann die Datei:

Dateihauptname.COM,

lädt diese Datei in den Arbeitsspeicher und startet das Programm.

18 Abschalten des Systems

1. Eventuell Sicherungskopien erstellen.
2. Herausnehmen der Disketten.
3. Abschalten der Peripheriegeräte.
4. Abschalten des Mikrocomputers.

19 Lösungen der Übungsaufgaben

Aufgabe 4.1

Ein CP/M-Betriebssystem ist ein Software-System.

Aufgabe 4.2

a) CCP ist der Console Command Processor des CP/M-Betriebssystems. Er dient zur Ausführung der von der Konsole eingegebenen CP/M-Kommandos.
b) BDOS ist das Basic Disk Operating System, d. h. das Disketten-Verwaltungssystem des CP/M-Betriebssystems.
c) BIOS ist das Basic Input/Output System, d. h. das Ein/Ausgabe-System des CP/M-Betriebssystems.

Aufgabe 4.3

a) Mit Hilfe des ERA-Kommandos können Dateien auf der Diskette gelöscht werden.
b) Mit Hilfe des ED-Kommandos können neue Dateien erzeugt und vorhandene Dateien verändert werden.
c) Das Steuerzeichen CTRL C bewirkt einen Warmstart des CP/M-Betriebssystems.

Aufgabe 5.1

Ein Warmstart des CP/M-Betriebssystems wird erreicht, indem man gleichzeitig die CTRL-Taste und die C-Taste drückt. Anschließend meldet sich das CP/M-Betriebssystem mit dem Bereitschaftszeichen A >.

Aufgabe 5.2

Das Systemlaufwerk hat den Buchstaben A.

Aufgabe 5.3

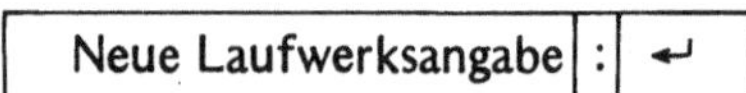

Es wird zunächst der Buchstabe des gewünschten Laufwerkes eingegeben und dann ein Doppelpunkt. Das Drücken der RETURN-Taste führt zur Ausführung des Kommandos, d. h. zur Laufwerksumschaltung.

Aufgabe 6.1

Sind folgende CP/M-Dateinamen erlaubt?

Nr.	Dateiname	ja	nein	Erläuterung
1	WURZEL	⊕	0	
2	STATIK.BAS	⊕	0	BASIC-Quellprogramm
3	PLUS !.ABC	⊕	0	! ist ein erlaubtes Sonderzeichen
4	Q?R.*	⊕	0	Dateigruppennamen (? und *)
5	REGULIERUNG.FOR	0	⊕	Hauptname zu lang
6	A<B.TEX	0	⊕	Sonderzeichen < nicht erlaubt
7	SUB.$$$	⊕	0	$$$ Sicherungsdatei

Aufgabe 6.2

Unter CP/M ablauffähige Programme haben den Dateiergänzungsnamen COM.

Aufgabe 6.3

D . NEWTON.ASM

Aufgabe 7.1

Im allgemeinen sind fabrikneue Disketten nicht formatiert. Dies muß dann mit einem eigens dafür vorhandenen Formatierprogramm nachgeholt werden. Teilweise gibt es jedoch auch formatierte Disketten käuflich zu erwerben, die jedoch dann etwas teuerer sind als unformatierte. Es ist außerdem darauf zu achten, daß es die richtige Formatierung ist, denn es existieren mehrere Diskettenformate.

Aufgabe 7.2

Die CP/M-Betriebssystemdiskette sollte grundsätzlich in Laufwerk A eingelegt werden.

Aufgabe 7.3

Das CP/M-Betriebssystem ist auf zwei reservierten Spuren der Systemdiskette abgelegt. Dateien werden in anderer Form auf der Diskette gespeichert. Daher sind auch unterschiedliche Kopierkommandos zum Kopieren von Dateien und zum Kopieren des CP/M-Betriebssystems erforderlich.

Aufgabe 8.1

Nr.	Laufwerk	Kommando	Ausgabe
1	A>	DIR⌄?8Ø.COM	A.L8Ø COM : F8Ø COM
2	A>	DIR⌄L??.COM	A:L8Ø COM
3	A>	DIR⌄BSP?.BAS	A:BSP1 BAS: BSP2 BAS:BSP3 BAS
4	A>	DIR⌄BSP1.*	A:BSP1 BAS
5	A>	DIR⌄*.COM	A:L8Ø COM : F8Ø COM
6	A>	DIR⌄BSP4.*	NO FILE
7	A>	DIR⌄*.BAS	A:BSP1 BAS:BSP2 BAS:BSP3 BAS

Aufgabe 9.1

STAT␣B: ↵

Aufgabe 9.2

STAT␣B:TEXT.BAS ↵

Aufgabe 9.3

record:CP/M-Datensatz von 128 Byte.
extent: Erweiterter CP/M-Block, bestehend aus 16 einfachen 1 KByte-Blöcken.

Aufgabe 9.4

Ein derartiges Kommando ist nicht erlaubt, denn der Nur-Schreib-Status (WRITE/ONLY)
existiert nicht. Das Kommando führt zu einer Fehlermeldung.

Richtig wäre z. B.:   STAT␣B := R/O ↵

wenn die Diskette in Laufwerk B schreibgeschützt werden soll.

Aufgabe 9.5

Angaben über die Diskette, wie z. B..

— Zahl der Spuren,
— Zahl der Sektoren pro Spur,
— Speicherkapazität insgesamt,
— Zahl der Bytes pro CP/M-Satz,
— Zahl der CP/M-Sätze pro Block,
— Zahl der Blöcke pro erweiterten Block,
— Zahl der erweiterten Blöcke.

Aufgabe 10.1

Nr.	Editor-Aufruf	richtig	falsch	Erläuterung
1	ED␣ADD.BAS ↵	⊕	0	Wenn die Datei einen Dateiergänzungsnamen hat, muß dieser angegeben werden.
2	ED ↵	0	⊕	Dateihauptname fehlt.
3	ED␣ADD. ↵	0	⊕	Punkt falsch.
4	ED␣B:ADD ↵	⊕	0	Datei auf Diskette in Laufwerk B. Die Datei ADD darf auf der Diskette keinen Dateiergänzungsnamen haben.
5	ED␣ADD ↵	⊕	0	Datei auf Diskette in Laufwerk A.

Aufgabe 10.2

a) Das Systembereitschaftszeichen zeigt an, daß CP/M-Kommandos eingegeben werden können. Eines dieser Kommandos ist z. B. das ED-Kommando.

b) Das Editorbereitschaftszeichen zeigt an, daß Editor-Befehle eingegeben werden können. Es kann nur auftreten, wenn der Editor vorher aufgerufen wurde. Möchte man wieder andere CP/M-Kommandos eingeben, so muß man die Editierung abbrechen. Es wird sich dann wieder das Systembereitschaftszeichen auf dem Bildschirm zeigen.

c) Systembereitschaftszeichen.

$$\boxed{\text{Laufwerksangabe} \,|\, >}$$

z. B.   A >, B > usw.

Editorbereitschaftszeichen:

   : *

Aufgabe 10.3

ED⊔B:BSP.TXT ↵

I ↵

Eingabezeile 1 ↵

.
.
.

Eingabezeile n ↵

$$\boxed{\text{CTRL}\,|\,\text{Z}}$$

E ↵

Aufgabe 10.4

A ↵

Aufgabe 10.5

Nr.	Erläuterung
1	Ab der aktuellen Position des CP werden die folgenden 1∅ Zeilen der Datei auf dem Sichtschirm angezeigt.
2	Positionieren des CP an das Ende der Datei.
3	Positionieren des CP an den Anfang der Zeile.
4	Anzeige der Zeile, in der sich der CP befindet, bis zur jeweiligen Position des CP in dieser Zeile.
5	Versetzen des CP um ein Zeichen nach rechts ab der aktuellen Position des CP.
6	Anzeige der 6. Zeile ab der aktuellen Position des CP.
7	Anzeige der 6. Zeile ab Dateibeginn.
8	Anzeige der 6. bis 11. Zeile der Datei.

Aufgabe 10.6

5 D ↵
5 K ↵

Aufgabe 10.7

<table>
<tr><td>

↑ICH␣CP/M
Aktuelle Lage des CP.

</td></tr>
<tr><td>

ICH␣CP/M
| | | |
1   4

Der CP muß zunächst 4 Zeichen nach rechts verschoben werden. Dazu dient der Befehl.

    4C ↵

Damit ist die Stelle markiert, wo der Text eingefügt werden soll.

ICH␣CP/M
  ↑
  Aktuelle Lage des CP nach der Verschiebung.

</td></tr>
<tr><td>

Einfügen des Textes LERNE ␣
Dazu dient der Befehl.

ILERNE␣ CTRL Z ↵

</td></tr>
</table>

Aufgabe 10.8

2 FE ↵

Aufgabe 10.9

SLERNE CTRL Z UEBE ↵

Aufgabe 10.10

LIB

Aufgabe 10.11

Der Inhalt einer Bibliotheksdatei wird vor der aktuellen Position des CP in die im Arbeitsspeicher vorhandene Datei eingefügt.

Aufgabe 10.12

Nr.	Kommandokette	Erläuterung
1	B # T ↵	CP an den Anfang der Datei stellen (B) und die gesamte Datei auf dem Sichtschirm ausgeben (#T).
2	− 2 L T ↵	CP um 2 Zeilen zurück positionieren (− 2 L) und diese Zeile ausgeben (T).
3	B1ØC5DIHEIDI CTRL Z ↵	CP an den Anfang der Datei positionieren (B), anschließend den CP um 1Ø Zeichen weiter nach rechts positionieren (1Ø C), 5 Zeichen vor dem CP löschen (5D) und die Zeichenfolge HEIDI einfügen (I).

Aufgabe 10.13

Nr.	Aufgabe	Kommandokette
1	Geben Sie eine Kommandokette an, die folgendes bewirkt: Positionieren des CP an den Anfang der Datei. Suchen der ersten Zeichenfolge HEIDI ab Anfang der Datei, Löschen dieser Zeichenfolge und einfügen der Zeichenfolge AUTO.	BFHEIDI CTRL Z −5DIAUTO CTRL Z ↵
2	Geben Sie eine Kommandokette an, die folgendes bewirkt: CP an den Anfang der Datei stellen, den ersten Buchstaben O suchen, löschen und durch I ersetzen, CP an den Anfang der nächsten Zeile setzen, in die nächste Befehlszeile übergehen, den nächsten Buchstaben A gegen X austauschen, den CP an den Anfang der ersten Zeile setzen und 2 Zeilen ausdrucken.	BFO CTRL Z DII CTRL Z 1 L CTRL E SA CTRL Z X CTRL Z B2T ↵

Aufgabe 10.14

Das Editieren wird abgebrochen. Die Änderungen in der Datei bzw. neue Eingaben werden jedoch nicht auf die Diskette übertragen. Die Quelldatei bleibt somit unverändert. Es meldet sich anschließend CP/M mit dem Bereitschaftszeichen A >.

Aufgabe 10.15

Im Editier-Zustand wird der Befehl

  0 V ↵

eingegeben. Die Zahl vor dem Schrägstrich gibt die aktuelle freie Speicherkapazität in Byte an.

Aufgabe 10.16

BREAKͺ">" AT Q

Aufgabe 11.1

Nr.	Kopierkommando	Ja	Nein	Erläuterung
1	PIPͺBSP2=BSP ↵	⊕	0	Die auf der Diskette in Laufwerk A gespeicherte Datei BSP wird auf der *gleichen* Diskette unter dem Dateinamen BSP 2 gespeichert.
2	PIPͺB: BSP=BSP ↵	⊕	0	Die auf der Diskette in Laufwerk A gespeicherte Datei BSP wird auf eine Diskette in Laufwerk B übertragen.
3	PIPͺA: BSP3=B: BSP ↵	⊕	0	Die auf der Diskette in Laufwerk B gespeicherte Datei BSP wird auf die Systemdiskette übertragen (BSP3).
4	PIPͺBSP4=B: BSP ↵	⊕	0	Entspricht Aufgabe Nr. 3, nur mit dem Unterschied, daß auf der Systemdiskette die Datei BSP4 angelegt wird.
5	PIPͺB: =BSP ?	⊕	0	Es werden alle Dateien mit den Buchstaben BSP und einem weiteren beliebigen Buchstaben vom Systemlaufwerk auf eine Diskette in Laufwerk B übertragen. Entsprechend den vorangegangenen Beispielen sind dies z.B. BSP1, BSP2, BSP3, BSP4, BSPͺ. Sie werden während des Kopiervorgangs aufgelistet.
6	PIPͺB. = *.COM	⊕	0	Es werden alle Dateien mit dem Dateiergänzungsnamen COM vom Systemlaufwerk auf eine Diskette in Laufwerk B übertragen.

Aufgabe 11.2

Die Diskette, die laut Aufgabenstellung auch das CP/M-Betriebssystem enthält, wird in das Systemlaufwerk gelegt und folgendes Kommando eingegeben:

    PIP⌴BSP1 = BSP1.BAK ↵

Damit wird die alte, defekte Datei durch den Inhalt der Sicherungsdatei ersetzt (überschrieben).

Aufgabe 11.3

1. Systemdiskette in LW A einlegen.
2. Diskette mit Originaldatei in LW B einlegen.
3. PIP⌴RATE = B: ↵
4. Diskette mit Originaldatei gegen neue Diskette austauschen.
5. CTRL C
6. PIP⌴B: = RATE ↵

Aufgabe 11.4

Nr.	Kommando	Ja	Nein
1	PIP⌴A = B, C ↵	⊕	0
2	PIP⌴A : A = B : B, C : C ↵	⊕	0
3	PIP⌴A : A : = B, C ↵	0	⊕
4	PIP ↵ ADD.BAS, SUB.BAS, MULT.BAS ↵ ↵	0	⊕
5	PIP ↵ GES = TEIL1, TEIL2 ↵ VERK.FOR = RECHN1.FOR + UP2.FOR + UP1.FOR ↵ ↵	⊕	0

Erläuterung

1. Verketten von B und C zu A, alles auf Laufwerk A.
2. Verketten von B auf LW B und C auf LW C zu A auf LW A.
3. Doppelpunkt vor Gleichheitszeichen formal falsch.
4. Nur Liste der zu verkettenden Dateien vorhanden. Zuordnung zur Gesamtdatei fehlt.
5. 2 Verkettungsaufträge in einem Kommando.

Aufgabe 11.5

Nr.	Steuerparameter	Erläuterung
1	V	Prüflesen von Dateien.
2	S	Der Kopiervorgang beginnt erst ab einer bestimmten vorgegebenen Zeichenfolge.
3	O	Übertragen von Objektdateien. Dateiende CTRL Z wird ignoriert.

Aufgabe 11.6

Nr.	Dateidruckkommando	falsch	richtig	Erläuterung
1	PIP⌴PRT: = B : ADD.BAS	⊕	0	Gerätebezeichnung PRN.
2	PIP⌴LST : = BRIEF.TXT	0	⊕	
3	PIPTTY : = D : A.B	⊕	0	Trennendes ⌴ fehlt zwischen PIP und TTY.
4	PIP⌴CRT: = A	⊕	0	Keine Druckausgabe sondern Bildschirmausgabe (CRT).
5	PIP⌴LPT = C: TAB	⊕	0	Doppelpunkt fehlt nach LPT.

Aufgabe 11.7

PIP PRN: = LW: Dateiname [P40]

Aufgabe 11.8

Hinzufügen des Steuerparameters [T 5] hinter dem Druckkommando.

Aufgabe 11.9

Drücken einer *beliebigen* Taste.

Aufgabe 12.1

```
ED B : BAUM
NEW FILE
   : *I
  1:                *
  2:               ***
  3:              *****
  4:               ***
  5:             *******
  6:                *
  7:                *
  8:
   : CTRL Z
   : *E
```

```
TYPE B:BAUM
      *
     ***
    *****
     ***
   *******
      *
      *
```

Aufgabe 13.1

Eingabe:

`CTRL P`

STAT␣DSK: ↵

Ausgabe (Beispiel):

A:	Drive Characteristics
1216:	128 Byte Record Capacity
152:	Kilobyte Drive Capacity
64:	32 Byte Directory Entries
64:	Checked Directory Entries
128:	Records/Extent
8:	Records/Block
32:	Sectors/Track
2:	Reserved Tracks
B :	Drive Characteristics
1216:	128 Byte Record Capacity
152:	Kilobyte Drive Capacity
64:	32 Byte Directory Entries
64:	Checked Directory Entries
128:	Records/Extent
8:	Records/Block
32:	Sectors/Track
2:	Reserved Tracks

Aufgabe 14.1

ERA␣B : TAB.* ↵

Aufgabe 15.1

a) Fehlerhaft: Wenn nur eine Laufwerksangabe benutzt wird, muß sie beim neuen Dateinamen stehen.
b) Richtig.
c) Fehlerhaft: Das Schlüsselwort zur Umbenennung heißt REN und nicht REM

Aufgabe 15.2

Es wird nichts geändert. Da keine Dateigruppen umbenannt werden können, erscheint die Fehlermeldung:

B:*.BAS = B:*.FOR?

Sachwortverzeichnis

A-Befehl 55, 76
Ablaufsteuerung 10
Acc 41
Adresse 2
ALGOL 9
Antriebsloch 5
Anwenderprogramme 7, 10
Anzeige von Dateizeilen 56
APL 9
Arbeits-anweisung 1, 7
— speicher 2
— speicherverwaltung 11
ASCII-Code 4, 48, 117, 130
ASM 28
Assembler 8
— sprache 8
Aufruf des Editors 48
Ausgabe 2
— einheit 2
— steuerung 10
Austauschen von Zeichenfolgen 68
Automatischer Formularvorschub 107
Automatische Zeilennumerierung 107

BAK 28
BAS 27
BASIC 9
BAT 43
Batch-Verarbeitung 18, 129
B-Befehl 56
BDOS 14, 15
Befehlskette 73
Bereitschaftszeichen 23
Betriebssystem 3, 13
Betriebssystemdiskette 22, 33
Bibliotheks-funktion 28
— datei 71
Bildschirm-ausgabe 19
— sichtgerät 4
Binden von Programmen 132
BIOS 14, 15
Bit 2
Block 40
BREAK 79
Byte 2, 40

Carriage Return 18, 22
C-Befehl 56
CCP 14
Character Pointer 55
CL 55
COBOL 9
COM 28, 132
Compiler 9
CON 42
CP 55
CP/M — Allgemeine Struktur 14
— Bereitschaftszeichen 23
— COPY 17, 33
— Dateiname 26
— Grundlagen 13
— Laden 22
— Start 22
CPU 3
CRC 77
CRT 43
CTRL-C 18
— E 18, 74
— I 19, 108, 118
— L 19, 73
— P 19, 120
— R 18
— S 19, 117
— U 18
— X 18
— Z 19, 52, 62
Current Line 55

Datei 11, 26, 33
— ändern 48, 54
— ergänzungsname 26, 27
— erstellen 48, 54
— gruppen 16, 29, 90
— gruppenzeichen 29, 90
— hauptname 26, 27
— inhalt 16
— namen 16, 26
— typ 16, 27
— übertragungsbefehl 76
— übertragungskommando 105
— verwaltung 15